Les aventures de Kawi

Parcours d'un jeune Asperger

Récits de vie. Santé et maladie

Cette collection regroupe des récits de vie et témoignages divers concernant la santé, la maladie et aussi la guérison.

Déjà parus

Michèle Bertone-Véronèse, *Huit mois en pyjama. Témoignage autour d'un lymphome*, 2017.
Denise Morel-Ferla, *« Maître Alzheimer » et les trous de mémoire*, 2017.
Virginie Burner-Lehner, *La dame en bleu, Le syndrome d'Elhers-Danlos à travers quatre générations d'une famille*, 2016.
Jérome Rivkine, *Les cinq saisons. Sortir du cancer : parcours initiatique d'un malade bien-portant*, 2016.
Michel Basler, *L'Alcool, moi et le bonnet rouge*, 2015.
Cécile Rebillard, *À l'épreuve du handicap, nouveau regard sur la vie*, 2014.
Marie-Noëlle de Vaulx, *L'inattendue. Le handicap ou la vie par les chemins de traverses*, 2014.
Cendrine Chapel, *Juste deux petits pas de valse. Accompagner jusqu'à la fin de la vie*, 2014.
Yannette, *De l'impossible au possible. La maladie de Wegener : itinéraire vers une rémission*, 2014.
Cécile Rebillard, *Numéro 9. Maman d'un petit handicapé*, 2013.
Véronique Foissac, *Faim de bœuf. Témoignage d'une boulimique*, 2013.

Guillaume Alemany

Les aventures de Kawi

Parcours d'un jeune Asperger

Préface de Pascale Planche

© L'Harmattan, 2017
5-7, rue de l'Ecole-Polytechnique, 75005 Paris

http://www.editions-harmattan.fr

ISBN : 978-2-343-13398-0
EAN : 9782343133980

« Ce n'est pas parce que les choses sont difficiles que nous n'osons pas, mais parce que nous n'osons pas qu'elles sont difficiles »

Sénèque

Sommaire

Préface 11
Prologue 15
CHAPITRE I 19
CHAPITRE II 23
CHAPITRE III 29
CHAPITRE IV 39
CHAPITRE V 45
CHAPITRE VI 49
CHAPITRE VII 55
CHAPITRE VIII 61
CHAPITRE IX 67
CHAPITRE X 73
CHAPITRE XI 81
CHAPITRE XII 89
CHAPITRE XIII 95
CHAPITRE XIV 103
CHAPITRE XV 109
CHAPITRE XVI 115
CHAPITRE XVII 121
CHAPITRE XVIII 127
CHAPITRE XIX 133
CHAPITRE XX 139
CHAPITRE XXI 145
CHAPITRE XXII 149
CHAPITRE XXIII 155

Préface

Guillaume, alias Kawi, nous fait partager tout au long de cet ouvrage quelques pages de sa jeunesse. Il a aujourd'hui 31 ans. Il y a quelques années, il est parti à la manière de son arrière-grand-père, le père Alemany, comme il l'appelle, pour conquérir le monde, en Thaïlande puis en Australie. Mais ce qu'il ignorait, c'est qu'il souffre d'autisme...

Pourquoi est-il parti Kawi ? Pourquoi a-t-il laissé derrière lui sa famille et sa terre de Bretagne ? Pour faire fortune sur une terre étrangère, pour trouver une terre promise ou peut-être une terre d'accueil pleine de promesse, promesse d'une nouvelle vie faite de contacts, de nouveaux liens, une nouvelle vie remplie d'activités partagées avec d'autres parmi lesquels on se sent bien... Oui, entre les lignes, on comprend que l'espoir secret de Kawi était de rechercher un lieu de vie empreint d'un nouveau lien social, lui qui a déploré depuis sa plus tendre enfance la difficulté de créer du lien, de s'insérer véritablement dans un groupe, d'interagir véritablement avec d'autres... Il a toujours été un peu décalé, un peu « dans la lune » selon l'expression des personnes de son entourage... Parfois, on lui a dit que « quelque chose n'allait pas chez lui, qu'il devrait consulter ».

C'est au retour de son périple que Guillaume connaît enfin, à 27 ans, la source de son mal-être, de son isolement réel ou ressenti à l'intérieur, de son impression quasi permanente d'être « à côté » plus souvent qu'« avec » les autres. Il croit avoir repéré sur internet une ressemblance entre ce qu'il ressent et les symptômes de l'autisme.

Serait-il autiste ? Au terme d'une démarche diagnostique conduite au Centre Ressources Autisme du CHU de Brest, un médecin spécialiste lui annonce un matin qu'il est porteur du syndrome d'Asperger, une forme « light » d'autisme.

Le syndrome d'Asperger se traduit par l'absence de retard intellectuel et l'absence de retard de langage à la différence de la plupart des autismes typiques. Cependant, les personnes Asperger, les « aspis » comme on les nomme parfois, présentent les mêmes difficultés prononcées de communication, d'interaction sociale, les mêmes difficultés que toutes les personnes avec autisme à entrer dans le jeu social, à interagir avec les autres comme tous les autres, « les neurotypiques ».

Kawi nous raconte dans son livre, avec une justesse de ton qui nous invite à entrer dans sa vie, les péripéties de ses séjours successifs en Thaïlande puis en Australie. Il est parti de ville en ville, rempli à chaque déplacement d'un nouvel espoir de vivre mieux, de s'en sortir, toujours emporté par son innocence, osera-t-on dire sa naïveté, qui lui fait croire les amis de passage lui affirmant qu'un peu plus loin, il aura du travail… Mais, il ne nous fait pas seulement partager ses aventures, il en profite pour nous apprendre les coutumes des régions qu'il visite, ce sont des tableaux socio-culturels et politiques qu'il nous brosse sur les régions traversées.

Il lui faudra trois départs vers l'autre bout du monde, trois fois porté par le même espoir de renouveler l'histoire du père Alemany, avant de revenir se poser sur sa terre d'origine, la Bretagne. Kawi est rentré riche d'expériences, de nouvelles ressources pour affronter l'avenir. Mais Kawi n'a pas trouvé ce qu'il cherchait. Kawi ressent toujours au fond de lui une solitude immense malgré les contacts maintenus avec ses amis du bout du monde via les réseaux sociaux. Il est parti en quête d'un avenir meilleur sans savoir qu'il était autiste. Aurait-il fait quand même ce départ s'il avait su ? Sa famille l'aurait-elle laissé partir dans ces conditions tellement improbables ?

On dit qu'il est important de connaître le diagnostic de sa maladie pour pouvoir s'en construire une représentation, pour engager une lutte contre cette maladie, pour avoir envie profondément de s'en sortir malgré elle. C'est souvent vrai mais Kawi nous montre grâce à son histoire singulière que cette affirmation n'est pas généralisable. Rien n'est généralisable quand on évoque l'autisme, tout est singulier. Chaque personne avec autisme vit et gère son autisme à sa manière, avec ses difficultés qui assomment et empêchent d'avancer, avec ses espoirs aussi qui poussent vers l'avant et donnent envie de rebondir envers et contre tout, en assumant comme elle peut la singularité de son fonctionnement.

Guillaume, alias Kawi, est aujourd'hui étudiant à l'Université de Brest. Il a quitté pour toujours la vie d'ouvrier dans une usine agro-alimentaire, là où « On sort la marchandise du frigo, on lui enlève son emballage plastique, on la place sur un tapis roulant... et on recommence ». Il avait le potentiel pour faire autre chose. On lui a dit souvent quand il était enfant « élève qui a du potentiel mais ne s'insère pas au groupe... ». Sa voie, il l'a trouvée finalement dans un cursus d'histoire. Il est revenu de l'ailleurs plus fort, riche d'expériences qui l'ont nourri et ont peut-être participé à combler certains manques. Aurait-il trouvé sa voie s'il n'avait pas osé partir, quitté le cocon familial, rompre avec ses habitudes y compris les plus difficiles à supporter ? Peut-être pas. Sa voie, il n'était pas nécessaire d'aller la chercher à l'autre bout de la planète, il l'avait juste à côté, mais encore fallait-il qu'il s'autorise à s'inscrire à l'Université, qu'il réussisse à croire en lui-même, en ses capacités. Il est fort probable que les péripéties aventurières de Kawi lui aient permis de trouver cela finalement, la certitude qu'il pouvait faire mieux, la confiance en soi pour affronter le monde de l'Université, le monde du savoir caché dans les livres et pas seulement exposé dans les villes et les villages explorés pendant ses voyages..

Kawi a finalement réussi à suivre les traces de son arrière-grand-père mais à la manière des citoyens du monde du 21ème siècle, il a réussi à *se* trouver...

Pascale PLANCHE
Professeur de psychologie à l'Université de Brest ; Spécialiste de l'autisme.

Prologue

Nous sommes le 11 décembre 2009. Je suis assis sur un banc dans l'une des rues principales de Cairns, grande ville du Queensland, état du nord-est de l'Australie. J'attends un bus pour Mareeba, avec l'espoir d'y travailler comme ouvrier agricole dans l'une des nombreuses fermes de la région. Une fois arrivé là-bas je dois trouver un homme d'origine indienne nommé Neil qui devrait m'aider à obtenir ce travail…

Je suis arrivé dans ce pays il n'y a guère plus d'une heure sur le conseil de mon ami Denis, un septuagénaire rencontré en Thaïlande quelques semaines plus tôt, qui vit en Australie depuis ses 20 ans. Un homme immature qui a passé le plus clair de son temps à faire du surf et draguer les minettes, en habitant dans un camion aménagé. Il n'a pratiquement jamais travaillé de sa vie et se fait entretenir par le système social australien depuis une cinquantaine d'années...

Assis sur ce banc, je pense beaucoup à ces dernières semaines passées en Thaïlande, à mes amis sur place, à certaines filles qui m'ont « ouvert leur cœur »... J'ai quitté ma chère Bretagne il y a seulement 6 semaines avec comme objectif de m'installer pour de bon à Chiangmai, une grande ville du nord de la Thaïlande. Hans, un ami allemand installé sur place, m'avait assuré que je pourrais être embauché dans l'entreprise pour laquelle il travaille en tant qu'agent d'accueil téléphonique. C'est un bon poste, payé environ 20 000baths (500euros à l'époque) par mois pour une trentaine d'heures de travail par semaine dans un pays où le coût de la vie est 5 fois moins cher qu'en France et où le climat est plus doux, les gens plus souriants, les filles plus « faciles »... Bref, un pays de rêves...

Et c'est justement la tête pleine de rêves que, sans réfléchir, j'ai quitté ma formation en alternance de vendeur en électroménager et que j'ai pris un billet d'avion en aller simple pour Bangkok en clôturant au passage mon compte courant français...

Mais ce qui n'est bâti que sur du rêve n'est jamais très solide et un gros Hic m'attendait à mon arrivée à Chiangmai : le poste dont m'avait parlé Hans n'était plus à pourvoir. Je me retrouvais donc à l'autre bout du monde, sans ressources, avec devant moi une petite somme d'argent qui ne me permettrait pas de tenir plus de 3 mois. J'étais ulcéré à l'idée de devoir retourner chez mes parents la tête basse, il me fallait une solution d'urgence...

C'est à ce moment-là que j'ai rencontré Denis avec sa « solution miracle » :

- « Mon gars, je crois que je connais un bon moyen de te refaire : tu devrais prendre un vol aller-simple pour l'Australie »
- « L'Australie ?? »
- « Ouai, c'est très facile pour les jeunes d'obtenir des visas de travail pour ce pays. Il y a un grand manque de main-d'œuvre dans le domaine de l'agriculture, d'ailleurs j'ai quelques contacts là-bas. J'habite une partie de l'année à Cairns dans le Tablelands et ils cherchent toujours des gens pour aller ramasser les mangues, c'est un bon plan : ça paie bien, le climat est similaire à celui de la Thaïlande et niveau filles... les Australiennes adorent les p'tits Français dans ton genre, crois-moi... »

Deux semaines après cette petite discussion avec Denis (et quelques soirées bien arrosées avec mes amis pour fêter mon nouveau départ), me voilà dans un avion en partance pour l'Australie, en aller simple muni d'un visa de vacances-travail australien valable un an obtenu en quelques clics sur internet...

Exténué par mon voyage et plongé dans mes pensées, je n'ai pas fait attention à l'heure et je réalise que le bus qui doit m'amener à Mareeba aurait déjà dû passer depuis un moment... Avec un début d'anxiété, je demande des renseignements à un aborigène assis sur le banc d'à côté.

Il me répond qu'il va à Kuranda, un village situé entre Cairns et Mareeba et qu'il pense que j'ai raté mon bus. J'apprendrai par la suite que j'aurais dû l'attendre dans une autre rue un peu plus loin mais cela était mal expliqué...

La panique commence alors à me gagner. Je réalise que je me suis encore une fois fourré dans une situation catastrophique : je suis dans un pays qui m'est totalement inconnu, à l'autre bout du monde et avec seulement 45dollars australiens en poche (environ 30 euros). Je commence à réfléchir intensément à ma situation. Je dois trouver une solution... La seule chose que je puisse faire c'est de rejoindre Neil, le « contact » de Denis, en espérant que ce plan ne soit pas trop foireux...

Mais le prochain bus pour Mareeba ne passera que le lendemain, que faire en attendant ?

En plus du stress qui me brûle le ventre, je commence aussi à ressentir les effets de la faim et je décide de m'acheter un peu de nourriture dans un supermarché... Ce besoin satisfait, je me demande où je vais passer la prochaine nuit.

Je dois faire très attention aux quelques dollars qui me restent, je ne peux pas me permettre de les dépenser dans une nuit d'hôtel, que faire dans une telle situation ???

Après un moment de réflexion, je réalise qu'il ne me reste plus qu'une solution : passer la nuit dehors...

Avant de m'endormir sur la pelouse dans un petit parc public, je brûle quelques bâtonnets d'encens que je plante dans la terre en guise de prière, pensant que seul le ciel pourra me sortir de cette situation désespérée...

Mais qu'est-ce qui a bien pu me pousser à fuir ainsi mon foyer et à me mettre dans une telle situation ???

Mon esprit vagabonde, je pense à ma vie, à mon enfance, à mon histoire...

CHAPITRE I

Puisqu'il faut un début...

Chaque histoire possède un début et une fin, ce qui est totalement logique, c'est la nature des choses, chaque être vivant naît et meure à un moment ou à un autre, ainsi va le monde...

Le principal problème dans le cas présent est que je ne sais pas quand cette histoire doit commencer, quel épisode passé, personnel ou familial, est à l'origine de la situation que je vis aujourd'hui :

Est-ce dans les années 1890, au moment où « le père Alemany », mon arrière-grand-père, est arrivé en France sans un sou en poche alors qu'il était encore adolescent, avec pour objectif de travailler dur et d'économiser un maximum d'argent pour nourrir sa famille rester à Majorque ?

Cet homme, véritable fondateur de ma famille, a accompli de grandes choses. Il a travaillé sans compter les heures pour des marchands de fruits dans le sud de la France. Il a ensuite créé sa propre société d'importation de fruits et légumes. Il a fait fortune et est devenu un homme très respecté aussi bien à Morlaix, petite ville de Bretagne, où il s'est installé au début du 20ème que dans sa ville natale de Soller, au nord de Majorque où il se rendait fréquemment et où il est mort au début des années 1960...

Mais, cet épisode de vie entrouvre l'histoire de ma famille plus que ma propre histoire, il faut que je trouve autre chose pour la commencer et justifier ma situation actuelle...

Sans doute est-il plus judicieux de commencer cette histoire un jour pluvieux de 1985, quand mon père, postier, fils d'un commerçant majorquin, épousa une auxiliaire de vie sociale issue d'une famille rurale bretonne et ayant reçu une éducation catholique et traditionnelle, qui deviendra ma mère ?

Enfin, ça c'est plutôt le début de l'histoire de ma famille au sens restreint du terme... Bon, il faut vraiment que je me décide à la commencer mon histoire afin d'arrêter de faire languir mes lecteurs...

Donc voilà, comme dans la Bible, au départ il n'y a rien... enfin si, mais tout est noir, on ne distingue rien, au moins on est tranquille, au calme dans le noir, on peut se reposer sans que personne ne nous embête, au chaud, bercé par un battement régulier et continu. On entend quand même de temps en temps des gens qui parlent, qui demandent « c'est pour bientôt ? » et une voix qui répond « oui » mais quoi donc, qui sont ces gens qui parlent ? Et qu'est-ce qui est pour bientôt ? Rien de grave j'espère...

Puis, un beau jour, enfin, un lundi matin pluvieux dans mon cas, mon monde va disparaître en l'espace de quelques dizaines de minutes : je suis d'abord bousculé, le noir est petit à petit remplacé par une grande lumière, le calme est perturbé par la voix d'un homme qui hurle « poussez madame, poussez »...

Puis, après avoir été secoué dans tous les sens comme un glaçon dans un shaker, je me retrouve dans les bras d'une géante qui me dit :

« Te voilà petit Guillaume »

Je suis subitement propulsé dans un monde étrange, un monde qui sera le mien désormais, un monde où je serai obligé de respirer et d'ingérer mes aliments par la bouche (alors qu'avant c'était simple, un tuyau amenait directement la nourriture à mon estomac), mais que va-t-il advenir de moi ???

Théoriquement, en France tout du moins, tous les hommes naissent libres et égaux en droits mais, dans les faits, personne ne part avec les mêmes chances : certains naissent avec une cuillère en argent dans la bouche et n'auront pas à fournir beaucoup d'efforts pour obtenir une bonne place dans la société alors que d'autres, issus des familles les plus pauvres, devront se battre avec acharnement pour tenter d'exister...

En ce qui me concerne, on peut dire que je ne suis pas trop mal tombé : je suis né dans une famille de classe moyenne d'une petite ville de province, sans avoir un avenir radieux tracé devant moi, je dispose quand même d'un certain confort matériel qui devrait me permettre de « réussir dans la vie »...

En fait, on peut dire que je suis quasiment prédestiné à passer une enfance tranquille, à faire des études, à passer le permis de conduire, à trouver un travail avec un salaire sans doute un peu au-dessus du smic et à me marier aux alentours de la trentaine avec une femme provenant du même milieu que moi avec qui j'achèterai une maison, j'aurai des enfants qui eux-mêmes auront une vie similaire et ainsi de suite...

Je caricature un peu les choses mais c'est sans doute en gros ce que pensaient mes parents et leur entourage, au moment de ma naissance. En tout cas, et il me paraît impossible qu'ils aient imaginé que quelqu'un leur annonce un jour à mon sujet : « Je vois bien votre fils tenter de « s'exiler » en Asie mais échouer lamentablement et finir SDF en Australie »...

Alors, qu'est qui s'est passé ? Pourquoi ma situation est-elle si « différente » de ce à quoi on pouvait s'attendre ? Et aussi, quand ai-je « raté le coche » ? Quel gravillon a fait déraper les rouages bien huilés d'une vie prévisible ?

Il est très difficile de répondre à ces questions mais ce qui est sûr c'est qu'au départ, ça n'avait pas si mal commencé, comme l'a fait remarquer une institutrice de maternelle à mes parents :
- « Guillaume est doué, il assimile généralement les choses plus vite que les autres mais il ne joue pas beaucoup avec ses camarades de classe et il éprouve de grandes difficultés à s'intégrer au groupe... »

Cette phrase résume assez bien ma situation à l'époque : j'arrive très bien à assimiler les choses qu'on m'apprend en classe mais je fonctionne beaucoup trop « en interne », je n'arrive pas à me mélanger aux autres, je ne joue pas avec mes petits camarades dans la cour de récré et je me retrouve de facto exclu (pour ne pas dire rejeté) par le groupe...

Très tôt, mes parents prennent conscience de mes difficultés d'insertion, consultent une psychologue scolaire qui entame un suivi dans le but de m'aider à me socialiser. « Petit Guillaume » n'a que 3 ou 4 ans à l'époque, il éprouve des difficultés d'adaptation mais à cet âge-là rien n'est perdu et il peut encore remonter la pente aux prix de quelques efforts personnels, il a encore largement les capacités de mener à bien sa « normalisation », de mener une vie ordinaire...

CHAPITRE II

Un parcours chaotique

« Ta mère ne t'a jamais aimé. »

Ces paroles très dures proviennent de Mona, la maîtresse de maison chez qui j'ai été au pair en Angleterre pendant environ deux mois en 2008.

J'ai sans doute moi-même cru cela pendant un moment mais, plus je repense à mon passé, à mon enfance, et plus je me rends compte qu'en fait mes parents n'ont jamais cessé de chercher des solutions à mes problèmes

Peut-être que ma mère a-t-elle été par moment trop stricte sur certains points en reproduisant plus ou moins avec moi l'éducation qu'elle a reçue ?

Peut-être que mon père aurait pu être plus présent auprès de ses enfants au lieu de laisser ma mère s'en occuper plus ou moins seule ? (lui-même se chargeant de toutes les tâches administratives du foyer).

Mais face à ces « défauts », mais sont-ce vraiment des « défauts » ? Je dois mettre en parallèle les grands sacrifices consentis par mes parents pour moi dans plusieurs situations :

Quand ils ont constaté que mes problèmes d'intégration scolaire ne s'arrangeaient pas, ils n'ont pas hésité à me faire intégrer une école privée en espérant qu'un environnement scolaire différent améliorerait mon insertion sociale. Quand ils ont vu que j'étais toujours stressé et très anxieux, ils n'ont pas hésité à me payer des séances chez un magnétiseur (qui ont eu des effets très positifs sur moi sans pour autant réussir à totalement éliminer mes difficultés) et, surtout, je n'ai vraiment manqué de rien sur le plan matériel...

Bref, Mona s'est trompée ou Mona m'a menti !!! Pourquoi l'aurait-elle fait ? Peut-être que les confidences que je lui ai livrées sur mes relations familiales l'ont amenée à penser cela ? Il est vrai que les relations entre mes parents et moi-même n'ont pas toujours été très cordiales, disons que nous avions deux projets « différents » concernant mon avenir.

Ayant validé un Bac STT Gestion (avec à peine un peu plus de 10 de moyenne), mes parents espéraient de tout cœur me voir obtenir un BTS Compta-Gestion, ce qui représente le parcours classique à la suite de mon Bac, et devenir comptable à la suite de cela.

Cependant, un problème d'une certaine importance allait à l'encontre de ces plans : Je détestais la comptabilité !!!

Ma passion, c'était et c'est toujours l'Histoire, un domaine d'étude qui permet de comprendre le monde, une matière qui est pour moi, plaisante à étudier (contrairement aux autres) et qui avait, si on peut dire, « sauver mon bac » avec un 16/20... Un cursus dans le domaine de l'histoire signifiait aussi au minimum trois ans de vie étudiante à Brest avant d'obtenir une licence c'est-à-dire trois années de liberté, d'autonomie, bien différentes de ma vie à Morlaix...

Le problème était que, selon mes parents, un diplôme en histoire ne sert pas à grand-chose : pas question de financer trois ans d'études à Brest, la comptabilité conviendra très bien à « petit Guillaume »...

C'est au cours d'un repas de famille, sur la proposition d'une grande tante qui avait été directrice d'un établissement scolaire en centre Bretagne (ce qui représente un poste à responsabilité) que la question a été tranchée : « Je pense que Guillaume ferait un bon juriste, pourquoi ne pas lui proposer de s'inscrire en fac de droit à Brest ? »

Mes parents ont approuvé cela. En ce qui me concerne je n'avais pas vraiment le choix : refuser signifiait me voir inscrit de force en BTS comptabilité donc : « va pour le droit, c'est toujours moins pire que la compta, et au moins je pourrais avoir un logement d'étudiant à Brest... ».

Je n'oublierai jamais les cours très intéressants de science politique ou de droit constitutionnel mais le droit civil, le droit de la famille... Rien de plus barbant pour moi...

Sans motivation pour la matière étudiée, en état semi-dépressif depuis l'enfance, avec notamment de grandes difficultés à établir des contacts sociaux, d'abord avec mes camarades de classe, ensuite avec ceux de ma promo en fac, mon échec était prévisible...

Après un résultat de 7/20 au premier semestre et un décrochage dès le début du second semestre, je me suis planté, alors que faire... l'horrible réponse allait de soi : stopper net mes études et tenter de m'insérer sur le marché du travail... Mais, sans permis de conduire et sans qualification, difficile de trouver autre chose que des postes dans les usines agro-alimentaires de la région...

On sort la marchandise du frigo, on lui enlève son emballage plastique, on la place sur un tapis roulant, la viande est ensuite tranchée et mise en barquette automatiquement grâce à une très grosse machine puis d'autres ouvriers s'occupent de la conditionner de l'expédier vers la plateforme de départ d'où elle sera transportée par camions jusque dans les supermarchés de la France entière...

Déplacer la marchandise, enlever son emballage, la mettre sur le tapis et recommencer ces actions des dizaines de fois par jour, le tout dans le froid et avec des collègues et des chefs qui peuvent être dans certains cas très amicaux et dans d'autres de « vrais connards »... Voilà le quotidien de la grande majorité des ouvriers qui travaillent dans les usines agroalimentaires de Bretagne, un secteur où tout le monde pouvait trouver du travail, au moins jusqu'en 2013...

GAD, Kristsen, les salaisons de l'Arrée, Jean Caby... J'ai travaillé dans une bonne partie des usines du pays de Morlaix, le plus souvent avec le statut d'intérimaire...

Des travaux simples, facile d'un premier abord mais destructeur pour la santé à cause des lourdes charges que l'on doit généralement porter et de la répétition des mêmes mouvements à longueur de la journée. On supporte les douleurs au dos, le froid et les engueulades des chefs de ligne qui reprochent de ne pas aller assez vite, d'être un peu trop « dans la lune » à rêver à des jours meilleurs, à une autre vie...

Étant surtout intellectuel, je supportais mal ces tâches physiques répétitives mais, il me fallait bien gagner de l'argent pour quitter un jour le domicile familial...

J'ai pu bénéficier du dispositif POP (plateforme d'orientation professionnelle) grâce à la Mission Locale des pays de Morlaix : cette formation comprend des cours de communication professionnelle, des tests d'orientation professionnelle et des stages de découverte en entreprise, le tout sur trois mois et avec une rémunération de la Région Bretagne d'un montant d'environ 400euros par mois.

Ce dispositif est une bonne idée en soi, et peut permettre à certaines personnes de trouver leur voie dans un domaine. Mais le principal problème concerne les trop faibles dotations de moyens qui y sont attribuées, ainsi que le manque de places ou les problèmes de financement qui peuvent contrarier les projets de réorientation préconisés à la fin de la formation...

Dans mon cas, la POP m'a juste permis d'avoir une occupation pendant les trois premiers mois de 2008 et d'avoir une petite somme d'argent à ma disposition... dépensée en bonne partie en sorties avec les quelques amis que j'avais depuis la fin du lycée et puis rebelote avec les emplois en intérim dans le secteur agroalimentaire: On sort la marchandise, on lui enlève son emballage, on la place sur le tapis et on supporte les douleurs au dos... de plus en plus aiguës et on continue à rêver d'une nouvelle vie, de projets lointains...

Puis au fur et à mesure que le temps passe, la situation devient de plus en plus énervante, irritante, par moments des idées noires arrivent et une obsession prend de plus en plus d'importance : partir, partir loin, partir vite, reproduire l'exemple de mes ancêtres Majorquins, partir vers un autre pays et tenter d'y faire fortune (ou au moins d'y avoir une meilleure situation).

Mais où ça ? Comment ? Pour partir il faut un budget pour payer les premiers loyers sur place en attendant de trouver un travail, idem pour la nourriture, et cela sans compter le coût du transport...

Au vu de ma situation financière, il me faudrait trouver une solution pas trop chère, par exemple un travail qui ne paye pas beaucoup au début mais dans lequel on peut avoir la nourriture et le logement compris un peu comme les Bretons qui partaient travailler comme domestiques à Paris au XIXème siècle... Mais des situations comme celles-ci existent-elles toujours ? Mais oui il me semble, on appelle ça des « garçons au pair », mais où puis-je trouver cela ? En Angleterre bien sûr, il n'y a que la mer à traverser et les Anglais sont très demandeurs de jeunes au pair français, vite allons sur Internet, regardons s'il y a des annonces concernant des postes en Angleterre...

CHAPITRE III

L'Angleterre : un nouvel horizon

Ainsi, au début de l'été 2008, je me suis inscrit sur plusieurs sites de jeunes hommes au pair car cela semblait être le meilleur moyen de partir et de découvrir la culture et la langue anglaise avant de tenter de trouver un vrai travail dans ce pays.

Vers le milieu du mois d'août, j'ai été contacté par une mère de famille, hôtesse de l'air, qui habitait le sud de l'Angleterre et qui cherchait un jeune homme au pair afin de s'occuper de ses 2 enfants de 3 et 6 ans (dont le plus jeune était trisomique) quand elle était en déplacement pour son travail. Impossible pour moi de laisser tomber une occasion pareille : J'ai immédiatement accepté le poste. En effet, l'offre en matière de placement de jeunes hommes au pair est bien plus faible que la demande, et mon profil n'était pas dans les meilleurs par rapport à ceux des autres candidats. J'ai donc pris cela pour un coup de chance du destin...

Deux semaines à peine après les premiers échanges avec cette femme, je me trouvais sur un ferry au départ de Dieppe et à destination de New Haven, petit port de pêche près de Brighton. Mona est venue me chercher et m'a amené jusque chez elle, dans sa maison qui se trouvait à Seaford, une petite ville de 6 000 habitants à mi-chemin entre Brighton et Eastbourne.

Mes premiers jours sur place se sont assez bien passés, j'ai sympathisé avec le père de famille, Tarek, un anglais d'origine syrienne qui travaillait en tant que chef d'équipe dans une entreprise dont le travail était de former des dentistes un peu partout dans le monde. Parlant très bien l'arabe, Tarek partait souvent en mission professionnelle pour plusieurs jours au Moyen-Orient.

Tarek était sympathique, jovial et possédait une très grande culture, il me parlait en général presque plus comme un ami que comme son employé. À l'inverse, Mona, était moins amicale et me faisait clairement sentir que je n'étais qu'un employé de maison à son service, elle passait le plus clair de mon temps à me parler des tâches qui allaient m'incomber, surtout des tâches ménagères, et de la façon dont je devais m'occuper de Sam, son fils cadet qui, à cause de sa trisomie, se comportait encore à peu près comme un bébé à la différence qu'il savait marcher...

La mission qui m'était assignée n'était pas de tout repos : en plus de la lourde tâche que représentait pour moi Sam, je devais m'occuper de son frère aîné, Henry, enfant hyperactif possédant le caractère bien trempé de sa mère. Je devais aussi m'assurer que la maison reste propre pendant que les parents étaient à l'étranger pour raisons professionnelles la majorité du temps.

Le travail de jeune au pair n'est pas vraiment un travail mais plutôt une sorte de stage dans lequel on est nourrit, logé et on touche une petite rémunération. Les tâches ne sont pas forcément très difficiles, il s'agit généralement de s'occuper des enfants le temps que les parents rentrent du travail et de participer activement aux tâches ménagères.

Dans mon cas, en plus de la nourriture et du logement, je touchais 60 livres sterling par semaine, ce qui correspondait à peu près à 80 euros à l'époque, le tout pour environ 50 heures de travail par semaine (dont il est vrai, une bonne partie ne consistait qu'à surveiller les enfants).

Les parents ne cessaient de me répéter que j'étais vraiment chanceux de me retrouver dans cette situation car beaucoup de jeunes postulaient pour devenir au pair sans trouver de travail...

J'ai assez vite réalisé qu'en fait, les conditions dans lesquelles je me trouvais étaient loin d'être aussi bien que ce que mes employeurs essayaient de me faire croire pour une bonne raison : ils ne m'ont fait signer aucune convention et je faisais en quelque sorte du travail « au black »...

En me renseignant sur internet, j'ai découvert qu'en fait la quasi-totalité des autres jeunes au pair étaient payés 20 % de plus que moi pour beaucoup moins de temps de travail et que, conformément aux lois qui régissent le droit de ces jeunes, les autres étaient pris en charge par les assurances de santé de leur famille d'accueil. Ces mêmes familles sont aussi censées participer aux frais de scolarité de leurs jeunes travailleurs, ce qui n'était pas mon cas...
J'ai quand même décidé de garder ce travail, au moins temporairement, le temps de trouver autre chose...
Mais environ deux mois après mon arrivée, un dialogue avec Mona va aboutir à mon départ :

- « 80 livres, ça c'est pour les jeunes au pair qui travaillent à Londres. Je trouve que les 60 qu'on te donne chaque semaine en plus du logement et de la nourriture sont largement suffisants... »
- « Pourtant sur la plupart des sites internet que j'ai visités ils disent que... »
- « Sur internet les gens racontent n'importe quoi... Franchement il y a beaucoup de gens qui aimeraient être à ta place, je ne vois pas pourquoi tu te plains... »
- « Il y a quand même le problème que nous n'avons jamais signé de convention alors qu'il me semble que

normalement c'est obligatoire quand on ne passe pas par une agence... »

- « Foutaises, un « au pair » n'est pas un employé de maison mais un simple locataire qui effectue des tâches ménagères en échange de services, je ne vois pas pourquoi il devrait y avoir de contrats pour cela... »

- « Mais... »

- « Et arrête de me répondre, tu as vraiment eu une mauvaise éducation... Je te l'ai déjà dit, on voit que ta mère ne s'est pas bien occupée de toi et que tu es parti sur de mauvaises bases, je suis désolé pour toi mais je ne peux rien faire pour ça... Tu n'es vraiment pas fait pour ce travail, le mieux pour tout le monde serait que tu rentres chez toi, comme je suis gentille je vais te donner 2 jours de congés et l'intégralité de ton salaire mais tu dois savoir que tu as beaucoup de chance d'être tombé sur un patron comme moi... »

Voilà le résumé de la discussion que j'ai eue avec Mona, et qui a mis fin à mon « aventure » en tant que jeune au pair dans le sud de l'Angleterre...

Mona m'avait déjà dit à plusieurs reprises qu'elle pensait que « ma mère ne s'était pas bien occupée de moi », que j'étais un enfant « mal aimé et mal éduqué »... Je ne sais toujours pas vraiment ce qu'elle cherchait avec cela : le pensait-elle vraiment ? Une volonté de détourner les conversations quand je posais des questions embarrassantes ? Ou était-ce simplement des remarques bêtes et méchantes pour « se venger » du fait que je ne parvenais pas à bien faire mon « travail » malgré ma bonne volonté ?

En fait, plus le temps passait et plus ma situation dans cette famille se dégradait. Durant mes jours de congés, j'aimais sortir le soir dans les pubs de Seaford pour décompresser un peu... Ma consommation d'alcool était d'ailleurs très forte pendant cette période, à la fois pour

« m'adapter aux coutumes locales » (les Anglais des basses classes dépensent souvent une bonne partie de leur salaire au pub) et aussi, m'alcooliser durant mon temps libre me permettait d'oublier ma triste situation du moment.

Lors d'une soirée bien arrosée, j'ai pas mal parlé avec une femme âgée nommée Caroline qui a promis de tenter de me trouver un autre employeur et ainsi, de m'aider à me sortir de ce guêpier.

Elle m'a offert plusieurs bières dans un pub chic de Seaford et m'a fait rentrer gratuitement dans la boîte de nuit du centre-ville car elle connaissait bien la patronne.

J'ai tenté de l'appeler par la suite sur le numéro qu'elle m'avait laissé mais elle n'a pas voulu me répondre, je pense vraiment qu'elle jouait les bonnes samaritaines ce soir-là mais qu'en fait elle ne voulait pas se fatiguer à aider « le petit français » qui se trouvait dans une mauvaise passe…

Autre expérience particulière : un autre soir, je me souviens d'avoir été invité par deux femmes à passer la soirée chez l'une d'elles qui habitait une petite maison du centre-ville.

En ce qui me concerne, la soirée s'est très bien terminée... avec la plus belle d'entre elles. Les choses se sont gâtées le lendemain soir, quand je suis retourné chez elle après ma journée de travail et que son mari m'a ouvert la porte...

J'ai vraiment cru que j'allais me faire tuer par cet homme qui était baraqué comme un rugbyman mais, il ne semblait pas vraiment savoir ce qui s'était passé la veille bien que j'aie appris par la suite que sa femme avait une assez mauvaise réputation dans la ville...

Au final, j'ai réussi à m'esquiver en prétextant que j'étais juste venu demander des nouvelles et je ne suis pas tout à fait sûr que cet homme ait un jour compris pourquoi

un français a sonné à sa porte un samedi soir, un pack de bière à la main...
 Ces soirées passées à faire la fête m'ont vraiment aidé à décompresser un peu, à oublier temporairement mes problèmes, ma situation globale du moment n'était vraiment pas au beau fixe... D'ailleurs, au fur et à mesure que le temps avançait, ma situation se détériorait et je me rendais compte que je ne tiendrais pas indéfiniment comme ça...
 Certaines choses basiques pouvaient poser problèmes dans mes relations avec la famille Allen, notamment concernant l'organisation de la cuisine : Chaque membre de la famille avait son placard qui contenait des produits réservés, excepté moi. Je devais donc me nourrir sur les produits en commun et je me retrouvais assez souvent accablé de remarques parce que les stocks diminuaient assez vite quand les parents étaient absents pendant plusieurs jours et que les courses n'étaient pas faites avant le départ.
Par exemple, il n'y avait que très peu de fruits et de légumes, quand j'en ai parlé Mona m'a répondu :
 - « Mais ça coûte cher, si tu en veux, tu peux en acheter toi même ! »
 Tarek était beaucoup moins stricte sur ce point et a reconnu que j'avais le droit de manger convenablement, il était plus strict que Mona sur certaines choses mais plus respectueux des principes moraux de base.
 Mona me faisait continuellement comprendre que j'étais un individu de bien moindre importance que les membres de la famille et que je ne devais pas me plaindre alors que Tarek consentait à plus de choses comme par exemple baisser le son de la télé le soir quand celui-ci m'empêchait de dormir, sachant que je devais me lever tôt le matin pour préparer le déjeuner des enfants. Le père trouvait aussi normal que je puisse prendre des douches

tous les jours malgré le fait que cela alourdisse la facture d'eau, malheureusement, c'était moins clair pour Mona qui « portait la culotte à la maison ». Ses déplacements professionnels étant plus courts que ceux de son mari, je me retrouvais beaucoup plus souvent seul avec elle qu'avec Tarek à la maison.

J'ai plusieurs fois tenté de comprendre la manière de penser de Mona et je ne l'ai jamais vraiment compris, je sais que sa situation était quand même très compliquée et qu'elle vivait très mal le fait d'avoir un enfant trisomique, elle répétait sans cesse :

- « Sam aura une vie exactement comme les autres avec un travail, une maison, une famille, un permis de conduire... »

Elle ne voulait surtout pas entendre parler d'établissement spécialisé, de travail adapté... Elle consultait assez régulièrement des sites animés par des personnes qui disaient pouvoir « guérir » la trisomie.

Au fond, était-elle vraiment une mauvaise personne ? Sa manière de se comporter était sans doute une façon de régler ses problèmes : Le jeune homme au pair que j'étais faisait office de souffre-douleur pour les maux de la famille...

Aussi, il faut le reconnaître, je n'étais pas fait pour ce travail : je n'ai jamais vraiment eu le contact facile avec les enfants et mes troubles de l'attention ainsi que mes problèmes avec les interactions sociales faisaient que je mettais du temps à assimiler les consignes et à exécuter les taches basiques...

Cependant, un sentiment d'injustice m'est toujours resté dans la gorge et me reprend de temps en temps quand je repense à ce passage de ma vie en Angleterre...

Une amie m'avait pourtant prévenu peu avant mon départ : « - Guillaume, tu dois savoir que les anglais ont très mauvaise réputation vis-à-vis des jeunes au pair, fais très attention surtout si tu passes par un site internet et non une agence. ». Mais, le jeune homme rêveur et avide d'aventure que j'étais n'en a fait qu'à sa tête, pressé d'échapper à l'ennui de cette vie monotone que je menais chez mes parents à Morlaix.

Je ne me suis donné qu'un seul mot d'ordre : tenir, ne pas craquer face aux remarques volontairement blessantes de Mona, tenter de faire correctement mon travail malgré les horribles conditions dans lesquelles je me trouvais, après tout, le père Alemany n'avait-il pas connu des situations pires que celles-là quand il a débarqué en France dans les années 1890 ?

Mais après plusieurs crises d'angoisse, de nombreuses nuits à pleurer seul dans ma chambre, un certain nombre de cuites dans lesquelles mon argent de poche était englouti… J'ai craqué…

Je crois que l'élément déclencheur a été quand Sam a cassé la monture de mes lunettes et quand j'ai dû utiliser ce qu'il me restait de mon « salaire » (ou plutôt de l'argent de poche que me donnait les Allen) pour m'acheter une nouvelle monture, sans que cela ne préoccupe Mona le moins du monde bien entendu (en fait je pense que sa plus grande préoccupation à mon sujet était de faire en sorte que personne ne sache qu'elle n'avait pas déclaré ma situation auprès de l'administration).

Finalement, après une grande discussion avec Mona, rapportée plus haut, nous avons convenu que mon « contrat » prendrait fin au moment du week-end de la Toussaint, c'est-à-dire 2 semaines plus tard. Elle a bizarrement été très gentille durant cette période et m'a versé le solde de mon « salaire » la veille de mon départ et m'a donné quelques jours de congés supplémentaires, un petit geste car sans doute se sentait-elle coupable de ma situation...

Toujours est-il qu'au bout d'environ deux mois, j'ai à nouveau traversé la Manche mais dans l'autre sens…

CHAPITRE IV

En quête d'une nouvelle destination...

Inutile de préciser que mon retour en Bretagne ne s'est pas fait dans la joie et la bonne humeur...

Si j'étais quand même content de retrouver ma famille et mes amis, j'étais aussi à nouveau au bord de la dépression...
Mon rêve de reproduire l'exemple du père Alemany, de faire fortune dans un autre pays à partir de rien, avait échoué lamentablement une première fois...
En fait, cette aventure en Angleterre m'avait coûté bien plus d'argent qu'elle ne m'en avait rapporté et, hormis une nette amélioration de mon niveau d'anglais, cela avait juste été du temps perdu...
Et me revoilà prisonnier de cette routine infernale : aller plusieurs fois par semaine se présenter dans les agences d'intérim pour tenter d'avoir « la chance » de trouver un emploi en usine et quand cela arrive, se réveiller à 4 h 30 du matin puis passer 7 à 8 heures d'affiler à effectuer les mêmes tâches... Déplacer la marchandise, enlever son emballage, la mettre sur le tapis, supporter la mauvaise humeur de certains chefs qui me font presque regretter Mona... Et surtout, rêver d'une meilleure situation, peut-être d'un nouveau départ à l'étranger...

- « Donc, Guillaume, si je résume, votre diplôme le plus élevé est le bac ? »
- « Oui, un Bac STT Gestion, mais je ne veux pas travailler dans le domaine de la comptabilité, j'aimerais quelque chose de plus... vivant... »
- « Je vais voir ce que je peux faire pour vous... avez-vous déjà des idées ? Par exemple, la vente en magasin ? C'est un domaine qui recrute encore, d'ailleurs nous avons des places pour une formation - -- « préparation aux métiers de la vente » qui comprend des cours et quelques stages, sur une durée totale de quatre mois environ, avec une petite rémunération, cela pourrait peut-être vous convenir, je peux proposer votre candidature... »
- « Oui, absolument, merci beaucoup !!! »

Voilà un résumé des rendez-vous que j'ai eu avec des conseillers de la mission locale des Pays de Morlaix.

Ces personnes prennent généralement leur travail très à cœur et ont une réelle volonté d'aider les jeunes en difficultés mais les moyens mis à leur disposition sont toujours insuffisants...

Toujours est-il que cette formation en vente m'a permis de casser un peu ma routine et de reprendre pour un temps confiance en moi. J'ai effectué deux stages de deux et trois semaines dans des magasins de vente d'électroménager dans le but de devenir vendeur dans ce domaine.

La formation s'est bien passée, j'ai même gardé contact avec quelques collègues mais, cela n'a pas abouti à grand-chose... Les deux stages se sont plutôt bien déroulés mais les mêmes problèmes que d'habitude sont venus les perturber : problèmes d'attention, lenteur dans l'exécution des tâches, impression que j'étais souvent « dans la lune » vis-à-vis des autres...

Aussi et surtout, après ces quelques mois de formation, ma situation globale n'avait finalement pas beaucoup évolué : sans permis de conduire (que j'avais renoncé à passer à cause de mes énormes bourdes lors des leçons de conduite qui ont plusieurs fois failli provoquer des accidents), sans vraies qualifications, je devais encore une fois me résoudre à travailler en usine...

Bref, ennui, lassitude, fatigue, haine de moi-même toujours aussi présents suite à l'échec en Angleterre, tension avec ma famille sur qui je reporte cela... Ma situation n'était, disons, pas au top... Des idées noires me venaient même parfois !

A cette situation globale on peut ajouter une déception amoureuse, un aventure qui a duré environ deux semaines avec une amie d'origine africaine, une histoire banale en somme pour le commun des mortels mais un événement d'une importance énorme pour le jeune homme angoissé et en manque d'affection que j'étais...

Le besoin de bouger, partir, changer d'air, au moins pour une courte période, se faisait de plus en plus sentir, pour me changer les idées... Mais partir où ?

La solution à cette problématique porte un nom qui ne sonne, disons... pas très français : Tu et Tong.

Ici un petit retour en arrière s'impose : Tong était un étudiant laotien rencontré durant mon année de droit à Brest en 2007. Il était très sympathique et très cultivé. Je lui ai rendu quelques services, notamment concernant la correction de son mémoire de Master et il m'a fait découvrir la cuisine et la culture Thaï et Laotienne (qui sont très similaires).

Tong m'a présenté Tu à l'occasion de la soirée qu'il a organisée lors de son dernier week-end passé à Brest avant de rentrer dans son pays.

Tu étais originaire de Chiangmai, une grande ville du nord de la Thaïlande, il m'a cordialement invité à venir lui rendre visite là-bas : « Tu verras, la vie n'y est pas chère, le climat est chaud, les gens sont sympathiques et...

Beaucoup de filles rêvent de trouver un prince charmant occidental, surtout un Français, car les Français sont réputés romantiques... ». Mais à cette époque, je n'avais pas l'argent nécessaire pour effectuer ce voyage !

Entre 2007 et 2009, nous avons continuellement gardé contact par Internet. Pour rappel, cette période correspond à celle du développement des réseaux sociaux : MySpace, Facebook, Tagged, Hi5... Un moment d'euphorie sur le net où tout le monde devenait ami avec tout le monde... Et en ce qui me concerne, ce « tout le monde » concernait notamment un certain nombre d'étudiantes thaïlandaises amies de Tu...

Les Thaï ont pour particularité d'avoir des noms très longs et imprononçables pour le français moyen mais ils ne s'appellent jamais entre eux par leur nom mais toujours par un pseudonyme d'une ou deux syllabes : Aui, Nöy, Söyfa, Min, Kam... Ce pseudonyme n'est pas un diminutif de leur prénom administratif mais un mot choisi par la mère de famille à leur naissance et qui prend la place de leur prénom dans leur vie de tous les jours.

Si les noms thaïs sont pratiquement impossibles à prononcer pour nous, il en va de même pour les noms occidentaux pour les Thaïs comme me l'a confirmé une amie via facebook :

- « Guillaume Alemany... très difficile à prononcer pour un thaï, il te faudrait un prénom thaï quand tu parles avec nous. »

- « Ok, pas de problèmes, dans ce cas, trouve-m'en un... »

- « Je réfléchis... KAWI, je pense que c'est un bon nom pour toi... »

- « Ok, qu'est-ce que ça signifie ? »

- « Poétique, « celui qui sait parler aux filles »... »

Ce nom est assez révélateur du type de discussions que j'entretenais avec ces filles sur les réseaux sociaux. Il me convenait parfaitement, je l'adoptais c'est comme ça désormais que m'appelleront tous les Thaïs que je rencontrerai… J'ai même fini par m'y identifier suffisamment pour le choisir pour le titre de cet ouvrage…

Retour à ma situation en juin 2009 : Je suis toujours en contact avec Tong, Tu et de nombreux Thaïlandais (surtout des Thaïlandaises en fait) sur Internet et je veux partir en voyage… Cela paraît à peu près possible car, à force de travailler en usine et de vivre chez mes parents, j'ai réuni une somme d'argent qui pourrait faire l'affaire. Mais, quand on part pour un pays si lointain et au vu du prix du billet (plus de 800 euros l'aller-retour à l'époque), il faut le faire sur une assez longue période, disons, minimum un mois entier, en comptant, le logement, la nourriture, les déplacements sur place, les visites de parcs et musées et bien sûr… les soirées en boîte de nuit !

J'hésite encore un peu mais une « amie » me pousse vraiment à aller la rejoindre : Noey

Noey était la fille d'un chinois traditionaliste partisan du gouvernement de Taïwan et qui tenait à conserver son rôle de véritable chef de famille…

Il dirigeait un magasin de voiture d'occasion à Chachoengsao (petite ville située à une centaine de kilomètres de Bangkok) et voulait marier Noey au fils d'un de ses partenaires commerciaux, chinois lui aussi, mais Noey ne voulait pas de cette union et préférait partir vivre à l'étranger et elle me voyait comme la solution à tous ses problèmes…

Au bout de plusieurs mois de discussions sur Internet, elle parlait de plus en plus de mariage, d'enfant… et de plus en plus ouvertement de sexe aussi… Une des raisons pour lesquelles elle se trouvait dans cette situation était qu'elle avait déjà eu des aventures avec certains de ses collègues étudiants à Bangkok et que son père avait réussi à le savoir, c'est pour cela qu'il voulait au plus vite la marier, pour l'honneur de sa famille !

Elle ne cessait de m'inciter à aller la rejoindre dans son pays mais je n'étais pas encore sûr de savoir ce qu'il fallait faire, tiraillé entre le désir de rejoindre cette jeune fille qui se décrivait comme une sorte de princesse dans un château avec son père comme gardien autoritaire.

J'étais poussé par mon manque d'affection, mon besoin de fuir pour un temps le foyer familial et mon goût pour l'aventure, mais un certain pragmatisme me ramenait à la raison, notamment parce que je n'étais pas certain d'avoir réuni assez de fonds pour ce voyage, concernant en particulier le logement sur place qui ne pourrait majoritairement se faire qu'à l'hôtel… Plus d'un mois à l'hôtel, même dans ce pays, ça commence à chiffrer…

À cela Noey avait une solution toute faite : « Mon père m'oblige à rester à la maison à Chaochengsao mais ma sœur a un appartement à Bangkok, elle pourra t'héberger, comme ça tu n'auras rien à dépenser pour le logement pendant le séjour ».

Ok : À moi la Thaïlande !

CHAPITRE V

Le Farang de Kratae

14 heures... 14 longues heures passées dans cet avion au départ de Paris et à destination de Bangkok via une escale à Dubaï...
Je suis épuisé, les jambes engourdies, la tête qui tourne, un léger mal de ventre également...
Heureusement, j'ai la surprise de découvrir qu'un comité d'accueil m'attend à la descente de l'avion...
Kratae, la sœur de Noey, est venue me chercher à l'aéroport avec ses trois meilleures amies...
J'avais déjà eu beaucoup d'échanges avec Kratae par Facebook ainsi qu'une ou deux conversations par webcam, je l'ai donc reconnue tout de suite...
Assez petite, bien ronde mais toujours souriante, elle ne faisait pas ses 23ans.
Elle avait les yeux plus bridés et la peau plus foncée que sa sœur, et ressemblait beaucoup plus à sa mère, Thaïe pure souche, plutôt qu'à son père chinois (alors que Noey était un parfait mélange des deux).
Noey ne pouvait pas être là car son père ne l'avait pas laissée quitter Chaochengsao, de plus, les deux sœurs semblaient fâchées et je n'allais pas tarder à comprendre pourquoi...
Apparemment, dans les semaines qui ont précédé mon départ, Kratae ne cessait de répéter à ses amies « Mon Farang va bientôt arriver... » ; farang est un mot thaï que

l'on pourrait traduire par « occidental » et englobe tous les européens, américains du nord australien, voir même parfois toutes les personnes à la peau claire incluant une bonne partie des arabes de facto…

L'appartement de Kratae était en fait une chambre dans une résidence universitaire avec un petit lit deux places recouvert de peluches et une salle de bain… Kratae a tout de suite annoncé la couleur : « nous dormirons ensemble dans ce lit », apparemment une dispute avait éclaté entre les deux sœurs pour savoir qui serait le petit ami du Farang (le tout caché aux parents bien entendu).

Dans cette rivalité, Noey, avec qui je n'avais eu que des contacts par Internet durant quelques mois, ne pouvait vraiment gagner et même si je n'avais pas la conscience tranquille, je n'ai pas résisté longtemps aux avances de Kratae...

Une petite routine s'est tout de suite installée quand Kratae allait en cours pendant la journée, je visitais la ville puis je revenais chez elle le soir et parfois nous allions boire un verre quelque part…

Au bout d'une dizaine de jours, nous sommes allés à Chachoengsao, dans la grande propriété que possédait sa famille à côté du centre-ville et Kratae m'a présenté à toute sa famille en me décrivant comme un ami farang…

La mère de famille était adorable, une femme très gentille qui m'a très bien accueilli, d'après ce que je sais elle était au courant de la relation entre sa fille et moi (mais pas de l'histoire entre les deux sœurs). Noey semblait rongée par le stress, ce qui est compréhensible et me mettait mal à l'aise mais s'il y a bien une personne qui semblait me détester, c'était le père de famille et il n'arrivait pas vraiment à cacher cela malgré ses sourires forcés. Kratae m'a prévenu que « de toute façon, il déteste les farangs, et sans doute tout ce qui n'est pas thaï ou chinois, il ne faut pas t'en faire, il n'est au courant de rien pour toi et moi, il faut attendre avant de lui en parler... »

Le week-end à Chaochengsao s'est bien passé dans son ensemble, j'ai surtout parlé avec la mère et l'oncle de Kratae, un petit homme très gentil qui m'a fait découvrir plusieurs plats thaï typiques et nous a fait visiter la ville et tous ses monuments avec son Tuk Tuk (une sorte de moto taxi à trois roues typique de la Thaïlande).

Mis à part le moment où j'ai confondu des petits piments thaï ronds avec des petits poids (ce qui m'a littéralement arraché la gorge et a bien fait rire tout le monde), il n'y a eu aucun problème à signaler et j'en ai profité pour organiser la semaine que je devais passer avec Tu à Chiangmai à partir du lundi soir…

Mais c'est au moment du retour de Chaochengsao que les choses se sont vraiment gâtées…

Le père de Kratae n'était pas stupide et se doutait bien que l'ami farang que sa fille avait amené à la maison n'était pas que son ami, surtout que Noey avait semble-t-il fait des sous-entendus à ce sujet pour jeter de l'huile sur le feu, une vengeance compréhensive…

Le lundi matin, nous avons pris le train pour rentrer de Chaochengsao ou Bangkok, c'est lui qui nous a déposés à la gare avant d'aller au travail… Sauf qu'il n'a pas pris le chemin de son magasin ce jour-là…

Il n'a pas hésité à faire un aller-retour de 200 kilomètres à toute vitesse pour arriver à Bangkok avant le train et se positionner devant la résidence de Kratae pour vérifier si j'allais l'accompagner dans sa chambre au retour (alors qu'elle avait dit à sa famille que je résidais dans un hôtel).

Quand il a vu que je rentrais bel et bien dans la chambre de sa fille en même temps qu'elle, en lui tenant la main, il n'a vraiment pas apprécié… Je ne sais pas exactement ce qui s'est passé ensuite, il a visiblement renoncé sur le coup à l'idée de me tuer à ce moment-là. Il a appelé Kratae, qui était sur le chemin de la fac, pour lui dire que s'il savait qu'elle me voyait à nouveau, ou tout simplement voyait un autre homme sans sa permission, il tuerait le mec et elle se retrouverait cloîtrée dans la maison familiale de Chaochengsao en attendant qu'il lui trouve un homme digne de son rang (en somme la même malédiction qu'il infligeait à Noey).

Kratae est rentrée chez elle en pleurant et m'a expliqué la situation, en tentant quand même de me rassurer : « Ma mère et moi, on va tenter de raisonner mon père… Au bout de deux ou trois semaines tout va rentrer dans l'ordre… prends quand même toutes tes affaires avec toi pour partir à Chiangmai car on ne sait jamais… ».

Je ne sais pas si elle se mentait à elle-même ou si elle tentait simplement de me rassurer quand elle disait ça mais il était clair que la situation n'allait pas s'arranger. Il était évident que le baiser que nous avons échangé avant que je n'entre dans le car pour Chiangmai était le dernier...

CHAPITRE VI

Chiangmai et le début de la déchéance

Chiangmai est une ville de près de 400 000 habitants située dans le nord de la Thaïlande, c'est en quelque sorte le poumon économique et industriel du nord du pays autant que la capitale culturelle de cette région.

On y trouve de nombreux temples bouddhistes magnifiquement décorés, quelques musées et aussi, de nombreux parcs naturels qui entourent la ville, de même que des villages typiques d'ethnies montagnardes qui ont conservé leurs traditions ancestrales (même s'ils sont de plus en plus occidentalisés et ne sortent leurs tenues traditionnelles que pour les touristes de passage).

La ville est un important centre touristique et compte donc de nombreux hôtels, des échoppes et des restaurants pour touristes et bien sûr… des bars à putes et des salons de massages à profusion…

Le trajet en car de Bangkok à Chiangmai a duré toute la nuit, impossible de vraiment dormir avec toutes ces secousses sur la route et aussi, toute cette histoire avec Kratae qui m'a traumatisé sur le coup…

J'ai réservé une chambre d'hôtel pour une durée d'une semaine dans le quartier touristique et, après m'être reposé toute la journée, Tu et quelques-uns de ses amis de fac m'ont rejoint.

Mal au ventre, mal à la tête, nausées… Gueule de bois ! Conséquences d'une bonne soirée passée avec Tu, Taï et d'autres étudiants thaïlandais dont j'ai oublié le nom… Je me souviens de bars, d'une boîte de nuit, vaguement de filles et de bière… Beaucoup de bières, de la Singha et de la Chang, deux marques thaïlandaises…

Après la fête vient la défaite et la défaite est particulièrement difficile au réveil, elle dure toute la journée…

Petit à petit, ce malaise change de forme, le mal au ventre se transforme en brûlures, la fatigue laisse place à de l'anxiété et je me pose de plus en plus de questions, la plus importante est sans doute celle-ci : Comment ai-je pu être aussi bête ?

Je suis à des milliers de kilomètres de chez moi, avec un billet de retour Paris Bangkok à utiliser dans un mois et avec un budget limité, sans plan, sans rien… Comment ai-je pu partir comme ça à l'aveuglette dans un pays lointain ? Comment ai-je pu me lancer dans une aventure folle et suivre les recommandations de Noey, une fille rencontrée sur Internet ? Et toute cette histoire avec sa sœur, Kratae et ce vieux chinois qui veut me tuer pour avoir « déshonoré » sa fille et sa famille…

La crise d'angoisse est forte, sans doute plus forte que toutes celles que j'ai vécues auparavant, en Angleterre ou ailleurs…

J'étais ravagé, en pleine crise de nerfs, détruit psychologiquement, sans plus aucun repère...

Que faire dans cette situation ? En fin d'après-midi, je me décide à sortir, faire un petit tour en ville, me changer un peu les idées… Je me balade notamment dans Loï Kro road, la rue la plus prisée des touristes à Chiangmai, celle qui compte le plus grand nombres de magasins, de commerces, de bars à putes et de salon de massages de la ville… Justement, me voilà devant l'un de ces salons avec de jolies jeunes filles qui m'interpellent : « Hello, massage, massage ».

Tu d'ailleurs m'avait conseillé de tester le massage thaï, il paraît que ça détend bien. Il n'y a théoriquement rien de sexuel là-dedans et c'est sur ce point qu'un gros quiproquo est entretenu par les nombreuses échoppes du quartier touristique qui appellent « massage thaï » ce qui est en fait un « massage à l'huile » :
- Le massage thaïlandais est un massage des muscles des bras, des jambes et du dos principalement, qui s'accompagne d'étirements faits par le masseur. On doit enfiler une tenue spéciale qui se compose d'une chemise à l'ancienne et d'un gros pantalon prévu que pour cette activité.

- Le massage à l'huile est un massage comme on en trouve partout dans le monde à la différence près que dans les zones touristiques de Thaïlande, ou les salons de massages aguicheurs sont présents en grand nombre, la masseuse demande de vraiment tout enlever et une « finition » est clairement proposée à la fin moyennant un « pourboire ». Il s'agit en fait de prostitution déguisée et ces pseudos masseuses professionnelles ont l'art et la manière de faire céder tous les hommes, de sorte que même les plus récalcitrants de prime abord finissent généralement par accepter la finition…

Ici, inutile de parler plus de ce qui s'est passé. En temps normal, je ne pense pas que j'aurais pu résister aux avances de cette séductrice professionnelle qui devait déjà avoir une bonne trentaine d'années. Mais là en plus, vu mon état de faiblesse psychologique extrême, aucune chance de résister sur le coup et me voilà qui renie toute mes valeurs, rabaissé au même rang que tous ces touristes qui viennent dans ce pays juste pour passer du bon temps avec des femmes… Moyennant argent comptant bien sûr !

Quand j'y repense, ma première semaine à Chiangmai s'est déroulée de la même manière que pour la plupart des touristes qui visitent la ville. La journée notamment, je visitais les principales attractions que comportent la ville et sa région : Doi Suthep, un grand temple perché sur une montagne juste à côté de la ville, lieu saint du bouddhisme thaï ; Le parc des éléphants de Mae Saï, grande réserve qui a pour but de protéger cette espèce animale, les éléphants sont eux-mêmes mis à contribution pour cela : on peut les voir peintre ou jouer au football et les bénéfices tirés par le parc doivent servir à protéger la réserve. On trouve aussi une grande ferme de serpents, le village des singes, le zoo, les grandes chutes d'eau du nord de la province...

Chiangmai est également une ville qui possède une vie nocturne très active...

Il faut croire que mon histoire dans ce salon de massage n'avait pas suffi, dès le lendemain soir, je suis sorti faire une petite balade dans les bars et notamment à Loï Kro Road...

On dit souvent qu'il ne faut pas tenter le diable, et il aurait sans doute mieux fallu que je reste sagement dans ma chambre et que je ne sorte qu'avec Tu et ses amis durant mon séjour à Chiangmai mais vu ma situation du moment, je n'étais plus capable d'aucun discernement et je suis à nouveau tombé dans un piège à touriste similaire à celui de la veille dans le salon de massage...

Au bout de 10 minutes de marche dans Loï Kroh, je suis passé devant un bar ou une fille m'a pris par le bras et tiré de force vers l'intérieur... Nous avons ensuite parlé un peu elle et moi. Elle s'appelait Peng, était très sympathique, plutôt jolie et avait des formes généreuses que sa tenue, pour le moins décolletée, mettait bien en valeur...

Après avoir un peu parlé avec moi, elle a pris ma tête et l'a plaquée contre sa poitrine en me demandant « tu aimes ça ? » puis, voyant l'effet qu'elle produisait sur moi, elle a directement annoncé la couleur : « ils sont à toi pour 1000 baths, seulement 1000 baths et je te ferai passer une soirée que tu n'es pas près d'oublier... ».

Ici encore, comme pour ce qui s'est passé avec le salon de massage, je pense qu'il est inutile de raconter la suite de la soirée en détail...

Ce qui est très intéressant dans cette histoire, ce n'est pas ce qui s'est passé le soir avec cette fille de joie mais plutôt le rendez-vous qu'elle m'a donné le lendemain, en dehors de ses horaires de travail.

Peng souriait beaucoup et disait aimer le bowling, elle m'a parlé un peu de son histoire : « Ma famille est pauvre, je me suis mariée avec un homme qui était gentil mais il a commencé à me tromper quand j'étais enceinte et m'a ensuite laissé tomber avec mon bébé, je me suis retrouvée obligée de travailler dans ce bar et de chercher des touristes étrangers... Je déteste ça, ils ne me respectent pas, au moins toi tu es gentil et aussi tu es jeune et plutôt beau garçon... ».

Pauvre Peng, triste histoire, pourrais-je faire quelque chose pour elle ? Par exemple, en l'aidant financièrement et si elle est si gentille qu'elle en a l'air, en l'épousant peut être même ?

Mais déjà quelque chose m'a vraiment troublé : ce sont les chaussures !

Nous sommes allés nous balader dans plusieurs endroits en ville et notamment un centre commercial où elle a acheté des chaussures... Pour 1200 baths ! C'est-à-dire environ le quart du SMIC local et une somme plus importante que ce qu'elle a gagné avec moi la veille... Je me dis que quelque chose ne tourne vraiment pas rond dans cette histoire !

J'ai beaucoup cogité à propos de tout ça, de Peng et de la vie nocturne dans le quartier touristique en général et une longue discussion avec Ahmed, un algérien qui travaillait dans un établissement scolaire à Chiangmai et que j'ai rencontré lors d'une de mes premières soirées passées dans cette ville, m'a aidé à y voir un peu plus clair :

- « Guillaume, tu m'as l'air d'être un gars gentil mais un peu naïf, dit- toi que dans ce pays, tu es une sorte de portefeuille sur patte pour tout le monde, ton histoire avec les deux sœurs m'a bien fait rire, à mon avis, elles n'avaient qu'une idée en tête : se faire entretenir ou aller vivre en France... »

- « Oui, je comprends mais je ne sais pas trop quoi faire, je me suis déjà mis dans la galère, et toute cette histoire avec Peng, la masseuse de la veille aussi... »

- « Écoute, ça fait plusieurs années que je vis ici, j'en ai vu passer des gens qui sont arrivés plein de morale et qui ont cédé aux charmes de ces gentes demoiselles, tu n'es ni le premier ni le dernier à te trouver dans cette situation, crois-moi, ce qu'il faut que tu gardes en tête c'est que ces filles sont des professionnelles et qu'elles sont prêtes à raconter n'importe quoi pour trouver un mec qui pourrait, disons, arrondir leurs fins de mois, je te conseille de te détendre et de profiter un peu de la vie... »

- « Oui mais quand même, c'est pas bien, c'est de l'exploitation... »

- « Il y a certaines choses que tu dois savoir : il n'y a pas de proxénète ici, ces filles sont toutes en freelance, ici c'est pas le même système qu'en France... Aussi, elles sont généralement mariées à un thaï, elles vont toutes te dirent qu'elles sont seules avec un enfant mais c'est faux, c'est souvent le mari ou leurs parents qui les poussent à faire ça... Elles vont toutes essayer de te manipuler, crois- en mon expérience, tu devrais profiter un peu de tes vacances et te détendre mais si tu cherches le grand amour, c'est vraiment pas le bon endroit ! »

Sages conseils que j'ai décidé de suivre par la suite...

CHAPITRE VII

La wild orchid guest house : mon nouveau foyer

C'est un peu au hasard, en me baladant avec toutes mes affaires dans le quartier touristique que je me suis retrouvé devant la wild orchid guest house, un petit hôtel situé au milieu de Loi Khro road qui propose des chambres pour 300 baths la nuit, c'est à dire la moitié moins cher que là où je résidais auparavant...
Cela faisait déjà une semaine que j'étais à Chiangmai mais j'étais parti pour y rester encore un moment, mon budget ne me permettait pas vraiment de bouger et au final je m'étais bien acclimaté à cette ville. Le fait de changer de logement était devenu une évidence, c'est Ahmed qui m'avait conseillé de laisser tomber mon hôtel au plus vite car Chiangmai regorge de « Guest House », littéralement « chambre d'hôtes ». En réalité, il s'agit de petits hôtels conviviaux tenus par une famille composée, la plupart du temps d'un Occidental et de sa femme thaï ainsi que de leurs enfants et parfois d'un ou deux employés qui sont des amis ou des membres de la famille de la maîtresse de maison.
Le propriétaire de la Wild Orchid était un hollandais nommé Ron, il était épaulé par sa compagne Min, une Thaïe originaire de la province d'Isan, ainsi que de la sœur jumelle de celle-ci, Mae, qui s'occupait de manager le « Wild Orchil Massage », un salon situé en face de la guest house et qui appartenait également à Ron.

La Wild Orchid Guest House n'était pas un simple lieu de résidence pour touriste. Cet endroit avait également une vocation humanitaire et accueillait quelques anciens toxicomanes ou quelques jeunes délinquants en phase de réinsertion dans la société : ils venaient passer quelques mois en Thaïlande et y effectuaient des travaux d'intérêt général auprès d'orphelinats, d'écoles ou d'autres structures de la région en échange du gîte, du couvert et d'un peu d'argent de poche. Puis, ces personnes rentraient en Hollande où une association dont Ron était membre leur trouvait un travail et achevait de les accompagner vers un retour à une vie « normale ».

Ron, était grand costaud et possédait un caractère bien trempé mais très sympathique, c'était un ancien membre de la police militaire hollandaise et il avait décidé de s'engager dans ce programme car il avait constaté la difficulté que pouvaient avoir les anciens toxicomanes à se réinsérer dans la société dont de nombreux anciens militaires... Il avait rencontré Min quelques années avant que je les rencontre. Je ne connais pas vraiment l'histoire de Min mais je sais qu'elle a grandi dans une famille très pauvre d'Isan, la grande province de nord-est de la Thaïlande qui est aussi celle qui possède le revenu par habitant le moins élevé du pays... Min s'est, à un moment donné de sa vie, retrouvée seule avec Mae, et elles ont toutes les deux été en quelque sorte sauvées par Ron qui, après s'être fiancé à Min, a embauché les deux sœurs pour gérer les affaires de la Wild Orchid.

J'ai résidé à la Wild Orchid guest house la majorité de mon temps passé en Thaïlande. L'ambiance y était vraiment conviviale, presque familiale, outre Ron et les jumelles, j'ai très vite sympathisé avec Kurt, l'un des bénéficiaires du programme de réinsertion de Ron.

Son histoire est en fait assez proche de celle de Rambo : Kurt était issu d'une famille de militaires de carrière. Chacun de ses aïeux avait à son actif une ou plusieurs campagne(s) militaire(s) effectuée(s) au sein de l'armée hollandaise, une « tradition familiale » qui se perpétuait depuis que son arrière-arrière-grand-père s'était engagé dans le contingent hollandais de la grande armée napoléonienne de Russie…

Kurt lui-même avait servi dans les commandos parachutistes hollandais engagés dans le conflit post colonial entre l'Indonésie et la Malaisie. C'est là qu'il avait commencé à consommer de la marijuana et de l'héroïne, sous les regards indifférents de ses supérieurs car, « mieux vaut un soldat qui se choute après avoir butté du communiste toute la journée qu'un soldat qui se rebelle ou entre vite en dépression », du moins c'est ainsi qu'il me décrivait la situation...

S'étant blessé à la jambe lors d'un saut d'entraînement qui a eu pour conséquence de réduire ses capacités physiques, mon ami hollandais s'est vu contraint d'accepter une nouvelle affectation comme gardien des bases de missiles nucléaires américains en Allemagne dans le cadre d'une mission des forces internationales de l'OTAN.

C'est à ce moment qu'il a plongé au fond du trou : Kurt a toujours été un homme d'action, il ne supportait pas de rester debout toute la journée à ne rien faire à son poste de sentinelle. De plus, ne pouvant se procurer aussi facilement de la drogue en Europe qu'en Asie du Sud-est, il a vite sombré dans l'alcoolisme. Il a ensuite divorcé de sa femme, qui ne supportait plus de voir son mari dans un tel état et il n'a quasiment plus vu sa fille unique à la suite de cet épisode...

Une fois renvoyé de l'armée, sa situation allant de mal en pis, il a fini SDF itinérant, visitant plusieurs pays d'Europe dont la France et l'Angleterre, ce qui explique qu'il parle un petit peu français et parfaitement anglais.

Il a été recueilli par l'association de Ron qui l'a « sauvé » en quelque sorte. Ce dernier s'est investi personnellement auprès de Kurt, les deux hommes ayant en commun le fait d'être des vétérans de l'armée hollandaise. Ils ont développé des liens très forts, presque fraternels, et Kurt s'est retrouvé en tête de liste sur la file d'attente pour rejoindre le programme de réinsertion de la Wild Orchid.

Arrivé en Thaïlande, il s'est converti au bouddhisme et il a appris la méditation au cours d'un séjour de plusieurs semaines dans un temple avant de commencer son programme de travaux d'intérêt général quelques jours avant que je le rencontre.

Les jours passent et se ressemblent, Chaingmai est une très belle ville qui possède une riche histoire et beaucoup de monuments à visiter mais, au bout d'une dizaine de jours et avec un budget assez limité, on ne sait plus trop quoi faire…

Voyant ma lassitude, Kurt m'a proposé de l'accompagner dans une de ses missions de travail d'intérêt général : il s'agissait d'effectuer des réparations dans l'une des dernières léproseries de Thaïlande qui se trouve au nord de Chiangmai.

Je l'ai aidé à déraciner un arbre qui menaçait une partie de la toiture, à changer des néons, à réparer une porte et un lit superposé… J'étais, je suis et je resterai sans doute toute ma vie très nul pour tout ce qui concerne les tâches manuelles. Aussi je me trouvais simplement cantonné au rôle d'assistant de Kurt et je devais juste parfois prendre des photos et lui passer les outils dont il avait besoin mais le fait de voir les quelques lépreux qui occupaient la structure sourire et nous remercier chaleureusement de notre aide m'a vraiment fait du bien. C'est peut-être la première fois de ma vie que j'ai eu un vrai sentiment d'utilité envers la société et de fierté...

Cette expérience a été amenée à se renouveler de nombreuses fois. J'ai souvent accompagné Kurt dans ses missions dans divers endroits. La plupart du temps il s'agissait de faire des travaux dans les écoles publiques des villages aux alentours de Chiangmai. C'était presque à chaque fois la même routine : nous réparions du matériel et des fissures dans les bâtiments avec l'aide de quelques professeurs et parfois même d'enfants qui, pour beaucoup, n'avaient jamais vu d'Occidentaux. Nous mangions à la table des profs le midi et ils nous remerciaient chaleureusement de ce que nous faisions. Parfois aussi, à la demande d'un prof, nous participions aux cours d'anglais donnés aux enfants afin de les aider avec les exercices les plus difficiles…

Min et Kurt m'ont véritablement intégré dans leur équipe, c'est elle qui gérait la partie « logistique » et notamment l'achat de la nourriture et elle m'invitait très souvent à manger avec eux. Elle me faisait aussi des ristournes sur le prix de location de la chambre. Plusieurs fois, elle a pris en charge le nettoyage de mes vêtements, elle me laissait également aller gratuitement sur Internet sur l'ordinateur mis à disposition pour les clients de la guest house alors que normalement il fallait payer un tarif horaire pour cela…

Min et Kurt avaient bien intégré le fait que j'étais un jeune homme déboussolé et avec assez peu de moyens, c'est sans doute ce qui a facilité mon intégration auprès d'eux… Je n'ai jamais su ce que pensait Ron à propos de ça, très sociable et très investi dans ses œuvres d'aides aux anciens toxicomanes mais également propriétaire de la Wild Orchid, il ne semblait pas faire beaucoup de différence entre moi et les autres clients mais il était sans doute au courant des bonnes intentions de Min à mon égard et laissait faire, d'autant plus qu'il était très occupé par l'administration de ses affaires et également par la venue prochaine d'une nouvelle équipe de bénévoles dans le cadre de son programme...

Mae aussi était une bonne amie, assez petite et toujours souriante comme sa sœur jumelle, elle passait son temps à rigoler et à faire des blagues mais cela ne l'empêchait pas de bien faire son travail de manager du salon de massage de la Wild Orchid... Ron insistait beaucoup sur le fait que ce salon devait être un lieu de détente et non un lieu de prostitution et Mae était censée appliquer cela à la lettre. Mais il est impossible de savoir exactement ce qui se passait dans la sphère privée entre les clients et les masseuses d'autant plus que « les finitions » rapportaient généralement beaucoup plus à ces dames que le massage en lui-même... Aussi, beaucoup de filles préféraient quitter ce salon pour d'autres pour cette raison et Mae avait la charge de renouveler les effectifs...

CHAPITRE VIII

Loi khro road

Entretenir les locaux d'une léproserie, réparer le matériel de plusieurs écoles, assister des élèves dans leurs cours d'anglais... Le tout bénévolement, pendant mes vacances ! Cela peut paraître comme une vie exemplaire... Et ça serait d'ailleurs peut-être le cas si je ne menais pas à cette époque une sorte de... double vie dont l'autre face était bien moins reluisante !

Bénévole qui donne beaucoup de son temps et de son énergie pour de bonnes causes durant mes journées, je changeais pratiquement de personnalité la nuit. Durant mes soirées les plus « soft », je voyais Tu et ses collègues de fac et nous passions le temps à rigoler et à boire... Mais je fréquentais aussi beaucoup les bars de Loi Kro, me mêlant aux touristes et passant beaucoup de temps à parler aux filles qui y travaillaient...

Je suivais ici les conseils de Kurt : « Tu es jeune et tu es cool, tu as de quoi faire craquer ces filles, mec, juste un conseil : va au Spicy Club, la boite de nuit où se retrouvent toutes les filles qui n'ont pas trouvé de clients dans la soirée et tu peux finir la nuit avec une fille qui veut juste « s'amuser » après le travail... Sinon, tu peux aussi tenter de faire « ami-ami » avec quelques-unes d'entre elles et quand elles auront envie de ne pas dormir seules, elles t'appelleront... ».

Depuis sa conversion au bouddhisme, peu après son arrivée dans ce pays, Kurt s'était rangé et ne fréquentait pas les bars, les salons de massage ou les boîtes de nuit et ne buvait pas une goutte d'alcool mais cet ancien militaire, qui avait parcouru le monde, savait très bien comment s'y prendre pour ne pas dormir seul et sans dépenser trop d'argent…

Me prenait-il pour son frère, son fils, son élève ?

J'étais timide, stressé, maladroit, bref… un « gentil » gars qui avait besoin d'apprendre un peu la vie et Kurt devait y voir une sorte de mission, peut être que celui qui souhaitait avoir une vie posée, se trouver une femme, un travail et fonder une nouvelle famille, voyait à travers moi le prolongement de son ancienne vie…

Il ne m'accompagnait jamais dans les bars. Il se contentait de me conseiller, de me dire ce qu'il fallait faire, de me faire comprendre les raisons de mes échecs… « Ne bois pas trop ; fais toujours attention à ton argent ; ne te laisse pas trop influencer ; Tu es un gentil… Tu peux quand même jouer un peu là-dessus dans ce milieu où les filles sont entourées constamment de connards qui les voient comme des morceaux de viande… ».

Comment se passait une journée type à Loi Kro ?

Le matin : réveil vers 10 h, petit-déjeuner, départ pour le travail avec Kurt sur son scooter vers 11 h ou midi.

Retour du travail vers 17 h en général et sieste au moins jusqu'à 20 h… Etape obligatoire si on veut tenir toute la soirée !

Ensuite, c'était l'heure du dîner avec Kurt et parfois Min et Mae, plus rarement avec Ron ou des filles du Wild Orchid massage.

21 h ou 22 h : départ pour les bars… en général un nouveau à chaque début de soirée pour le « tester » et faire la connaissance de nouvelles filles… Puis passage dans

quelques bars habituels dont l'ambiance m'était sympathique et où j'avais sympathisé avec quelques filles…

1 h du matin : horaire légal de fermeture des bars, les filles qui n'ont pas trouvé de client pour la nuit et un bon nombre de touristes vont au Spicy Club faire la fête, tout le monde y est ivre, tout le monde danse sur de la musique électro… ça drague sévère, l'ambiance est conviviale malgré quelques bagarres entre filles ou entre touristes bourrés mais cela est vite maîtrisé par les agents de sécurité omniprésents…

Entre 1 h et 5 h du matin : retour dans ma chambre à la Wild Orchid, seul ou accompagné, généralement alcoolisé mais pas non plus ivre mort… Dans le cas où je rentrais accompagné, beaucoup de situations étaient possibles : parfois, surtout lors des premières semaines, il s'agissait d'une prestation rémunérée pour la fille, négociée moins chère que dans les bars, comme cela est monnaie courante au Spicy club et parfois même directement après la fermeture des bars… Parfois il pouvait s'agir tout simplement d'une « aventure » d'un soir avec une fille qui voulait juste pas dormir seule. Elle s'offrait au « farang deknoy », au jeune homme occidental de passage car elle avait besoin de décompresser après avoir été contrainte de coucher avec des touristes qui ont l'âge de ses grands parents les jours précédents parce qu'il faut bien envoyer de l'argent à la famille et payer les factures…

Les conseils d'Ahmed et de Kurt et d'autres farang rencontrés à Chiangmai m'ont été très précieux pour tout ce qui concerne les filles, donc voici quelques règles très importantes à respecter afin d'éviter d'avoir des problèmes :

- Chose la plus importante, éviter toute relation avec une personne mineure : La Thaïlande a longtemps eu une mauvaise réputation à propos de tout ce qui touche à la pédophilie mais les autorités se sont attaquées à ce problème et cela n'existe théoriquement plus ou est très caché. Cependant, il peut arriver que des filles de 16 ou 17ans, qui font plus que leur âge, soient tentées d'aller « travailler » dans les quartiers touristiques… Les bars et les salons de massage ainsi que les boîtes de nuits offrent une certaine garantie contre cela car les cartes d'identité des travailleuses et des client(e)s thaï sont vérifiées, les gérants voulant à tout prix éviter les problèmes et il est recommandé de repousser toutes « avances » proposées en dehors de ces structures avec des personnes que l'on ne connaît pas, si on veut éviter les problèmes. Cela est aussi valable pour tout ce qui concerne les vols et autres arnaques car il est facile de retrouver une personne qui travaille dans un bar ou un salon de massage mais quasi impossible de retrouver quelqu'un que l'on a rencontré au hasard d'une rue dans la nuit...

- Du point de vue financier : éviter de rentrer avec une fille directement depuis son bar ou son salon de massage car l'établissement en question demandera dans ce cas de payer ce qu'on appelle un « bar-fine ». Théoriquement, il s'agit d'une sorte de taxe qui est prévue pour compenser le fait que la personne en question quitte son lieu de travail, en réalité, il s'agit d'une commission de l'établissement sur la relation tarifée… Il est recommandé d'attendre la fermeture du bar et de négocier directement avec la fille en question après coup…

- Conseil également très important : quand il s'agit d'une relation tarifée, ne pas aller plusieurs fois de suite avec la même fille, ne pas créer d'habitude avec cette personne, ce qui risquerait de créer un attachement affectif (ce qui est d'ailleurs en général le but de la demoiselle en question).

Perte de repères, perte de valeurs morales, illusions... Qu'est-ce qui a bien pu me transformer à ce point ? Le jeune homme timide et maladroit qui a débarqué d'un avion à Bangkok quelques semaines plus tôt n'existe plus vraiment, il a laissé sa place à un être bizarre, complexe, admirable le jour, dépravé la nuit...

Sans justifier de tels comportements, on peut en partie les expliquer par deux facteurs psychologiques importants : le manque de confiance en moi et le manque d'affection.

Inutile, bon à rien, presque nuisible... J'ai toujours eu une piteuse image de moi-même, sans doute cela trouve-t-il sa source dans le rejet continuel des autres, notamment des camarades de classe... Mon échec auprès de la famille Allen en Angleterre et particulièrement les remarques de Mona n'avaient fait qu'aggraver cette situation, en pointant du doigt mes parents et mon éducation comme source de tous mes problèmes...

En cela la Thaïlande était clairement une fuite en avant, Noey, Kratae et maintenant ces filles dans les bars... Quelle différence au final ? Toutes ces filles n'étaient pas pour moi de simples objets sexuels mais plutôt un moyen de lutter contre la solitude !

D'ailleurs une bonne partie d'entre elles devaient en avoir conscience car, contrairement à la très grande majorité des gens qui fréquentaient ces bars, je parlais avec ces filles de tout et de rien, je leur racontais ma vie et elles me racontaient la leur, parfois pendant des heures... De longues conversations à propos de sujets divers et variés. En fait, il s'agissait plutôt d'échanges à caractère amical que de « drague » et la majorité des filles qui ont fini la nuit chez moi après une soirée bien arrosée au Spicy club faisaient partie de celles que j'ai rencontrées dans les bars de Loi Khro...

CHAPITRE IX

Différentes histoires, une même situation

Chacune des filles qui travaille dans les bars à filles de Loi Khro a sa propre histoire mais au final leur situation est la même : elles sont originaires d'une autre ville et sont arrivées à Chiangmai pour vendre leurs corps à des touristes étrangers et envoyer de l'argent à leur famille…

La majorité d'entre elles viennent de la province d'Isan, province très pauvre et surpeuplée du nord-est de la Thaïlande.

Quelques-unes parmi elles ont quand même marqué mon attention, notamment Kung.

Kung est la fille aînée d'une famille de paysans pauvres, locataires de leur ferme. Ses parents avaient du mal à nourrir leurs enfants lors des périodes difficiles.

À 17ans, elle a épousé un homme provenant d'une famille un peu plus riche, un mariage arrangé par les parents de ces jeunes gens.

Le mari de Kung s'est révélé être un alcoolique invétéré qui la battait de temps en temps et il a fini par la quitter au moment de la naissance de leur second enfant, laissant cette jeune femme sans ressources et dans une situation désespérée...

Poussée par ses parents, elle a dû quitter son village natal pour aller travailler dans un bar à touriste. Elle a choisi Chiangmai plutôt que les grandes stations balnéaires du sud du pays car plusieurs de ses amies y étaient déjà et cela lui permettait de ne pas se retrouver toute seule loin de chez elle...

Elle était très belle, très gentille et hyperémotive mais, en parlant avec elle, je voyais bien qu'elle n'avait pas une grande culture générale et qu'elle avait dû quitter l'école très tôt.

J'ai vite pris l'habitude de passer une partie de mes débuts de soirées dans son bar où je parlais avec elle.

Voyant que j'avais un petit budget, elle ne m'a jamais demandé de lui offrir un verre même si je parlais beaucoup avec elle.

La gérante du bar, en revanche, n'appréciait guère cette situation car je passais beaucoup de temps avec celle qui était sans doute sa meilleure gagneuse sans faire rentrer beaucoup d'argent dans les caisses du bar...

Parmi les filles qui se trouvent dans la pire situation, on peut citer celles que l'on appelle souvent « Mama » et qui sont les plus âgées. Il s'agit généralement de filles travaillant dans ces bars depuis longtemps mais qui n'ont pas réussi à trouver de farang pour les entretenir quand elles étaient dans la fleur de l'âge à l'image de Pim...

Pim était une femme de 37ans, mais qui faisait bien plus que son âge, corpulente et avec un caractère jovial, une femme dont la compagnie était assez agréable.

Prostituée très jeune afin de faire vivre sa famille, Pim a eu la chance de très vite se trouver un farang : un vieux norvégien qui l'a mise enceinte et a accepté de l'entretenir par la suite. Avec l'argent que lui envoyait son nouvel amour tous les mois, Pim a pu arrêter de se prostituer et elle a décidé d'ouvrir un petit restaurant dans son village en Isan.

Tout allait bien jusqu'au jour où, sans savoir vraiment pourquoi, elle a arrêté de recevoir de l'argent de Norvège, elle n'a d'ailleurs plus eu de nouvelles de son prince charmant qui normalement venait tous les ans passer ses vacances en Thaïlande avec elle.

Était-il mort de vieillesse ? S'était-il trouvé une nouvelle dulcinée ? Avait-il simplement décidé de couper les ponts ?

Dieu seul le sait, toujours est-il que Pim s'est retrouvée à devoir financer les études de sa fille de 20 ans avec comme seule source de revenus son petit restaurant thaï en faillite...

C'est ainsi qu'elle a dû se retrouver à nouveau à travailler dans les bars de Chiangmai mais, avec ses 37 ans, elle ne pouvait pas vraiment rivaliser avec les petites jeunes du secteur et était cantonnée à faire du service dans son bar ou à manager les autres filles pour les comptes du gérant, ce qui rapporte beaucoup moins d'argent que de se prostituer...

Pim m'a présenté Jun, sa petite protégée, une fille de 24ans qui venait du même village qu'elle en Isan et qui travaillait dans le même bar... Ah, Jun, si belle, toujours souriante malgré le fait qu'elle ait vraiment vécu des moments difficiles...

L'histoire qu'elle m'a racontée est très similaire à celle de Kung : Jun s'est retrouvée mariée à un homme choisi par sa famille. Elle est tombée enceinte et son mari l'a quittée au moment de la naissance de son fils puis elle a dû se résoudre à travailler dans un bar pour élever ce dernier...

Mais comment distinguer le vrai du faux dans ces histoires ? Ahmed m'avait prévenu que la plupart de ces filles racontaient qu'elles étaient abandonnées alors qu'elles étaient en fait en couple avec des thaï et qu'une partie de l'argent qu'elles envoyaient à leur famille ne servait pas qu'à entretenir leurs parents et leurs enfants mais aussi leur mari ou compagnon...

En fait je m'en fichais un peu, je me suis rapidement attaché à Jun, j'accordais une grande importance à ce qu'elle me disait :

« Ma famille est pauvre ; il me faudrait trouver un moyen d'arrêter de travailler dans cet endroit mais je dois nourrir ma famille. Je travaille dans le bar mais jamais je ne couche avec les clients, je me contente de boire avec eux et de toucher des commissions sur les boissons qu'ils m'offrent mais cela ne suffit pas et je vais devoir faire des choix... »

Je gardais quand même en tête les avertissements de Kurt et Ahmed : « Toutes ces filles sont des comédiennes qui jouent très bien leur rôle, il faut faire très attention, toujours rester sur ses gardes... ».

Première nuit passée avec Jun, elle ne me demande pas d'argent en disant qu'elle a conscience qu'elle n'a pas fait ça pour ça, elle me répète encore à nouveau qu'elle ne se prostitue pas mais se contente de boire avec les clients...

Le lendemain, je décide de retourner dans son bar, de la revoir, de lui offrir aussi quelques verres pour ne pas m'attirer les foudres de la gérante qui voit que je parle beaucoup avec une de ses filles les plus belles...

Mais, surprise, elle est en train de parler avec un client qui semble ne pas la lâcher. Je me retrouve à parler avec Pim qui tente de me rassurer : « Jun est une fille bien, elle ne t'a pas menti, il faut qu'elle parle avec des clients, qu'elle boive et se fasse offrir à boire pour gagner sa vie, ne t'inquiète pas... ». Le problème c'est que la discussion entre elle et son client se prolonge puis ils se donnent la main, s'embrassent... Et le client paye le bar-fine et s'en va avec elle qui me lance un regard souriant. Je l'entends d'ailleurs dire au client, en parlant de moi « l'homme au comptoir est juste un ami, il est très jaloux, je crois qu'il m'aime bien mais je l'aime juste en ami » !

Tristesse, colère, haine même ! De la haine contre Jun, de la haine contre moi même ! Comment ai-je pu croire à ses mensonges ? Comment ai-je pu tomber dans un piège aussi grossier ?

Pim tentait de me réconforter et de justifier le comportement de sa collègue mais cela ne servait pas à grand-chose :

- « Jun est une très mauvaise personne, elle m'a menti… »

- « Elle n'a pas cherché à te faire du mal, elle travaille pour nourrir sa famille, peut être que vous vous étiez juste mal compris aussi, je pense qu'elle t'aime bien au fond. »

- « Je ne veux plus la voir, plus entendre parler d'elle… »

- « Prends une autre bière et pense à autre chose, demain ça ira mieux tu verras, vous vous expliquerez et tout rentrera dans l'ordre… »

J'ai effectivement suivi son conseil et j'ai pris une autre bière, je lui en ai offert une également. J'ai rapidement terminé cette bière et j'en ai pris une autre puis encore une autre et ainsi de suite, jusqu'à ce que ma vue se trouble et que mes souvenirs se perdent…

Je ne sais pas exactement ce qui s'est passé cette nuit-là mais ce dont je me souviens, c'est du lendemain matin, je me suis réveillé dans ma chambre à côté de Pim ! Cette chère Mama, totalement nue dans mon lit…

- « Mort de rire, mec, quand j'ai vu la vieille quitter la guest house ce matin sur la pointe des pieds, je me suis demandé si ça pouvait être toi qui l'avais ramenée mais je me suis dit « non, quand même pas... » »

- « Toute cette histoire ne me fait pas rire moi, Jun s'est ouvertement foutue de ma gueule »

- « Oui, mais il faut voir le bon côté des choses, tu as quand même passé une bonne nuit avec cette petite

minette la veille et surtout… Rien ne vaut une leçon comme celle-ci, honnêtement, je pense que cette histoire t'a fait du bien, tu es intelligent mais tu fais trop dans le sentiment et à Loi Khro, c'est mauvais... »
- « Je pense que t'as raison, il faut que je retienne ça »
- « Ouai, mais t'en fais pas, t'es en vacances, et avec le temps cette histoire te fera rire plus qu'autre chose, crois-en mon expérience, mec ! »
Kurt avait raison, cette histoire ne pouvait m'être que bénéfique sur le long terme et j'ai eu beaucoup de chance de ne pas être tombé sur une fille plus fine que Jun car apparemment les filles des bars ont l'art et la manière de manipuler des farangs et de jongler avec plusieurs personnes en même temps...

Il m'a aussi donné un autre bon conseil : « Quitte un peu Chiangmai, visite le pays, ça fait un mois que tu es là et tu tournes en rond, tu t'encroutes… ça serait quand même bête de rentrer chez toi en ayant pas connu grand-chose d'autre que les bars à putes de Loi Khro ».

Je me suis décidé à suivre son conseil...

CHAPITRE X

Chez les akhas

Après un petit moment de réflexion, j'ai pris une décision : j'avais honoré ma promesse envers Tu en allant le voir dans sa ville, j'allais faire de même avec Tong au Laos !

Un bref au revoir à la Wild Orchid Team et me voilà en chemin pour Chiangkong, une petite ville de l'extrême nord de la Thaïlande, d'où on peut rejoindre le Laos par voie fluviale.

Arrivé sur place, je suis désabusé par le prix exorbitant que demandent les voyagistes pour se rendre à Vientiane, la capitale du Laos, par bateau. Je me renseigne alors sur les moyens de transport terrestres mais on me dit que le réseau routier laotien est archaïque et les compagnies de bus sous-équipées, peu fiables. Peut-être s'agit-il de simples ragots de la part de ces agents touristiques qui veulent à tout prix me vendre leur croisière sur le Mékong jusqu'à Vientiane ?

Dans le doute, je préfère renoncer à mes projets, désolé Tong, ça sera pour une autre fois !

Il n'y a pas grand-chose à faire à Chiangkong et je n'ai pas envie de rentrer de suite à Chiangmai, que faire ? Je décide de suivre les conseils d'un touriste rencontré sur place et de visiter Chiangrai, une petite cité de caractère, située dans l'extrême nord de la Thaïlande, et réputée avoir un riche patrimoine historique et culturel.

Arrivé à Chiangrai, un autre problème se pose : la ville semble morte, toutes les boutiques sont fermées pendant trois jours pour cause d'une fête bouddhiste.

Que faire ? La réponse va se présenter d'elle-même : en me baladant dans la rue principale du petit quartier touristique, je tombe sur un local ouvert et je commence à parler avec un homme qui me propose de me faire découvrir son village dans la montagne. Intrigué, je lui demande plus de renseignements :

- « En quoi consiste exactement ce que vous me proposez ? »

- « Je vous invite à visiter mon village et à découvrir la culture et le mode de vie de mon peuple, les Akhas, une des « tribus montagnardes » qui peuplent les montagnes du nord de la Thaïlande. Nous sommes très proches de la nature, je vous ferai découvrir le pays, nous organisons beaucoup d'excursions qui plaisent aux touristes en général, pour pas cher... »

- « Ok, dites-m'en un peu plus ! »

- « Ce que je vous propose, en fait, c'est de venir passer quelques jours, au calme, dans mon village, de visiter les alentours, de goûter notre cuisine traditionnelle, de faire des randonnées dans la montagne, voir les chutes d'eau, la jungle et visiter les village voisins Lahu et Lizu. Ce sont des montagnards comme nous, mais avec des spécificités culturelles... Le tout vous coûtera 2000 baths, tout compris, pour les 2 jours. Vous logerez dans une chambre du petit hôtel que tient ma femme dans le village. »

Après quelques minutes d'hésitation, je tente l'aventure !

La route qui mène au village akha n'est pas bétonnée et le voyage est un peu chaotique. Il faut plus d'une heure pour arriver à destination avec le vieux 4X4 de mon nouvel ami mais cela nous donne l'occasion de parler.

Il s'appelle Tep et semble jouer un rôle important dans sa communauté : c'est, à la fois, le pasteur de la petite église protestante du village et le « représentant commercial » de celui-ci en ville. En effet, sa petite agence touristique et l'hôtel géré par sa femme représentent la plus importante source de devises pour les akhas.

Tep me parle beaucoup de son peuple et de l'histoire de ce dernier : les akhas sont sans doute la plus pauvre des ethnies du nord de la Thaïlande. Ils parlent une langue de la même famille que le tibétain et ils vivent d'une façon très traditionnelle, dans des petites maisons en bambou, se nourrissant principalement de bananes et aux autres ressources naturelles que leur offre la forêt entourant leur village.

Beaucoup d'entre eux n'ont pas la nationalité thaï et ne peuvent donc pas acheter de terres, ils se retrouvent fréquemment exploités par les propriétaires terriens de la région qui les utilisent comme main-d'œuvre très bon marché pour les tâches agricoles les plus ingrates.

Depuis plus d'un siècle, les akhas vivent constamment dans un climat de guerre : ils ont subi l'occupation anglaise puis japonaise et ils se sont fait chasser de leurs terres ancestrales par la junte militaire birmane. Certains d'entre eux sont entrés en résistance aux côtés de la Karen Nationale Libération Army (Armée Nationale de Libération Karen), une organisation constituée principalement de Karen (l'ethnie montagnarde la plus importante de la région).

J'aperçois des hommes en armes, vêtus de treillis, sur des pick-ups, en bordure de route, un peu avant d'arriver au village.

- « Ce sont des Karens, ils sont sur les nerfs car les Birmans viennent de lancer une offensive dans la région, juste de l'autre côté de la frontière. Il faut éviter

de les regarder dans les yeux surtout ne pas les provoquer. »
- « Ok, mais nous sommes bien du côté thaïlandais de la frontière ? »
- « En théorie oui, mais la frontière n'existe pas vraiment en pleine forêt, certains villages sont en Thaïlande, d'autres en Birmanie mais la limite est floue. »
- « Mais ils ne vont pas nous faire de mal ? »
- « En théorie non, tu es un farang et ils me connaissent donc ça devrait aller mais il faut quand même faire attention. »

Effectivement, la situation dans la région est tendue et les villages locaux s'attendent à recevoir des réfugiés qui fuient la ligne de front située à moins de 20 kilomètres.

En arrivant dans le village de Tep, plusieurs choses m'ont tout de suite frappé : le manque d'infrastructures saute aux yeux et on n'a aucune peine à deviner la pauvreté de la population !

Les adultes vaquent à leurs occupations. Certains reviennent d'un tour en forêt, avec des paniers remplis de régimes de bananes et d'autres de fruits ou de plantes ; d'autres reviennent de la rivière qui se trouve en contrebas du village d'où ils ramènent des poissons fraîchement pêchés mais aussi des résidus d'argent qui leur servent à fabriquer des bijoux.

Une partie d'entre eux porte le costume traditionnel akha, fabriqué par les anciennes femmes du village quand les jeunes vont aux champs ou travaillent en ville. La majorité des membres de la tribu sont vêtus à l'occidentale et mettent le costume uniquement pour les fêtes ou pour être pris en photos par des touristes.

Les adolescents aident les parents dans leurs tâches quotidiennes et les jeunes enfants sont placés dans une aire de jeux, une partie de la journée, avec, pour seuls jouets, des bouts de bois et des vieux élastiques.

Quelques animaux, surtout des cochons noirs et des poulets, vivent en liberté dans le village qui est entouré d'une palissade pour les empêcher de s'échapper. Chaque famille possède quelques animaux qui se mélangent aux autres dans une sorte de troupeau communautaire se déplaçant au sein du village.

Malgré cette précarité, tout le monde arbore de grands sourires. Les akhas débordent de gentillesse et semblent insouciants face à leur situation. Ma vision est sans doute biaisée par le fait d'avoir grandi dans un pays occidentalisé, car, pour beaucoup d'entre eux, surtout les anciens ayant connu l'exode depuis la Birmanie, cette vie semble paradisiaque en comparaison de ce qu'ils ont vécu auparavant.

Comparée aux petites baraques de bambou et de tôle dans lesquelles vivent les villageois, ma chambre d'environ 20 m carrés semble être un palace.

J'ai l'eau courante et même l'électricité pour pouvoir m'éclairer. Ma chambre est aussi équipée de toilettes à l'occidentale et d'un grand lit. J'ai même un petit balcon privé qui donne sur la petite rivière en contrebas.

Mais je ne reste pas longtemps dans cette chambre, beaucoup d'activités m'attendent.

A peine arrivé, la femme de Tep se propose de me faire visiter le village et, notamment, le petit « musée du peuple akha » qui se trouve à 200 mètres de l'hôtel. Il s'agit, en fait, d'une grande pièce où sont exposés des objets agricoles traditionnels, des vêtements typiques akha, quelques cartes géographiques indiquant l'aire de peuplement des différentes ethnies montagnardes du nord de la Thaïlande ainsi que des panneaux explicatifs résumant l'histoire de ce peuple. Cela correspond, à peu près, à ce que m'a raconté Tep, durant le trajet jusqu'au village.

Le soir est consacré à une veillée traditionnelle akha : les parents de mes hôtes récitent quelques contes et légendes traditionnels de leur peuple. Le beau-père de Tep joue de plusieurs instruments typiques du nord de la Thaïlande, principalement plusieurs modèles de flûtes en bambou avec des formes différentes, il me montre aussi quelques pas des danses traditionnelles qu'il a appris quand il était plus jeune. Nous parlons de tout et de rien. J'ai écouté avec passion les récits concernant sa participation à la guérilla contre les Japonais, au côté de ses parents, quand il était encore enfant.

La nuit est calme dans ces montagnes qui séparent la Birmanie de la Thaïlande. Des lumières étranges me surprennent sur la face opposée de la montagne, côté birman, comme un orage très bas mais qui ne fait pas de bruit. J'ai appris, le lendemain, que cette zone était bombardée par l'armée birmane qui tentait de prendre les derniers villages encore tenus par la KNLA dans le secteur ! Triste spectacle mais dont je ne vois pas grand-chose du lieu où je me trouve.

La journée du lendemain est consacrée à la visite des alentours du village, le beau-père de Tep est mon guide. Cet homme, qui devait avoir autour de 80 ans, est encore d'une vivacité remarquable et je dois faire de nombreux efforts pour arriver à suivre sa cadence de marche dans la jungle thaïlandaise.

Une journée de randonnée épuisante, harassante, mais vraiment intéressante... Outre les paysages de forêt tropicale et les magnifiques chutes d'eau de la région, nous avons visité un village Lizu et un village Lahu. Je ne comprenais pas un mot de ce qui se disait entre mon guide et les autres personnes de ces villages, mais il m'a dit que tout le monde était préoccupé par l'arrivée imminente de réfugiés, à cause des combats qui continuaient du côté birman de la frontière.

Je n'ai pas remarqué de grandes différences entre le village akha et ceux des deux autres peuples que nous avons visités, hormis la couleur des costumes traditionnels.

Deux jours et deux nuits… C'est le temps que j'ai passé chez les Akhas mais les forts souvenirs que j'en garde me laissent l'impression que cela a duré bien plus longtemps.

Tep m'a raccompagné à Chiangrai le matin qui a suivi la randonnée en forêt. Je l'ai cordialement remercié. Il m'a donné son adresse mail, puis je suis parti machinalement vers la station de bus de Chiangrai, mais pour aller où ? Que faire pendant la semaine qu'il me reste à passer, avant de prendre mon vol de retour pour Paris ?

CHAPITRE XI

La compulsion de répétition

Cette aventure avec Tep et les autres membres de sa tribu m'a presque fait oublier le début du voyage.

Je me sens différent à mon retour à Chiangrai. Mais mes amis de Chiangmai ne m'ont pas oublié et, dès que mon portable recommence à capter du réseau, je suis assailli de textos :

Jun : « Quand reviens-tu à Chiangmai ? Tu me manques » Foutage de gueule ! Je ne réponds pas…

Kung : « Où es-tu ? Tu reviens bientôt ? Bisous » Déjà plus intéressant même si, comme pour Jun, il faut que je reste sur mes gardes.

J'ai aussi un message audio de Kurt « Salut Guillaume, que deviens-tu ? J'ai oublié quand tu dois prendre ton avion. Tu repasses par Chiangmai pour nous dire au revoir ? Quoi qu'il en soit prends soin de toi mec »

C'est décidé, je rentre à Chiangmai.

On dit souvent que l'ennui avec les cons, c'est que ça recommence : le travail bénévole avec Kurt, les discussions avec Kung et d'autres filles, le Spicy-club, l'alcool… Bref, un rapide retour à la routine, mon aventure avec les Akhas ne m'a, au final, pas servi à grand-chose !

Je vivais au jour le jour, je flambais l'argent, que j'avais durement économisé en travaillant à l'usine, en toute inconscience.

Au moins, on peut dire que j'ai été relativement chanceux dès mon retour, dans la mesure où je me suis réveillé auprès d'une fille, au petit matin, elle s'appelait Aui, nous avons un peu parlé, elle et moi :
- « Donc Kawi, que viens-tu faire en Thaïlande ? »
- « Je suis en vacances, en quelque sorte, mais je fais aussi du travail bénévole dans des écoles ou d'autres structures. »
- « Ok, très bien, moi je travaille dans un salon de massage au bout de Loi Khro mais je suis une fille traditionnelle, juste des massages et pas d'autres choses. »
- « Oui, je comprends, je te crois, tu as l'air d'être une fille bien. »
- « Oui, je vais devoir partir pour mon travail mais on se revoit ce soir, je passe chez toi… En attendant sois sage, je compte sur toi, ne vas pas voir d'autres filles !!! »

Je n'étais pas dupe, l'affaire avec Jun m'avait servi de leçon. J'ai fait semblant de me laisser prendre à son jeu au cas où Aui revienne lendemain, on ne sait jamais.

J'ai passé une dernière soirée avec Tu et ses amis, une dernière grosse cuite avec eux aussi, par la même occasion. Et, bien sûr, pas de nouvelles d'Aui. J'ai donc passé la nuit seul, ce qui ne m'a pas trop dérangé vu mon état d'ébriété.

Ce qui m'a surpris, c'est qu'elle est venue frapper à ma porte, le lendemain, vers 9 h. Son but était clairement de me tester, de vérifier que j'avais bel et bien dormi seul la nuit précédente. Aui était plus obstinée et plus maligne que les autres filles de Loi Khro que j'avais l'habitude de côtoyer. Le fait qu'elle allait bientôt avoir 32 ans, qu'elle avait quelques années d'expérience de travail dans ce monde y était pour quelque chose…

Kurt m'a, bien sûr, à nouveau mis en garde à propos de cela, de même que Hans, un allemand d'une trentaine d'années, rencontré dans un bar de Loi Khro et qui semblait mener une vie assez similaire à la mienne à Chiangmai.
- « Crois en mon expérience, tu penses maîtriser la situation mais cette Aui est une professionnelle. D'après ce que tu m'as dit il t'est déjà arrivé des bricoles ici. J'espère que tu as bien retenu la leçon, tu peux t'amuser avec elle, si tu veux, mais, surtout, reste sur tes gardes. »
- « Ok, pas de problèmes, mais je gère, ne t'inquiète pas ! »
- « J'ai entendu ça des centaines de fois avec des gars qui ont fini par perdre un max d'argent, donc je préfère te mettre en garde. Si un jour tu me dis « Aui à l'air bien, au final, elle me paraît sincère, je pense lui envoyer de l'argent pour qu'elle arrête de travailler dans son salon. » Je te mets une droite direct. Mais bon, nous n'en sommes pas là. Qu'est-ce que tu veux boire ? C'est ma tournée !

Hans devait être au moins aussi expérimenté que Kurt dans ce milieu et il avait une histoire assez similaire : c'était un ancien membre des troupes d'élites allemandes qui s'était fait renvoyer de l'armée pour consommation de drogue, après avoir servi en Afghanistan. Il avait des problèmes de famille et sa présence en Thaïlande était, comme pour moi, une sorte de fuite en avant.

Comme moi, il fréquentait les bars de Loi Khro et le Spicy-club. Comme moi, il connaissait les techniques pour ne pas dormir seul, sans pour autant débourser d'argent et il avait, d'ailleurs, plus de succès que moi dans ce domaine.

Hans et moi étions, en fait, ce que l'on peut appeler des renards : les renards sont des prédateurs qui ont une fonction très importante dans la nature car ils chassent les animaux les plus faibles des troupeaux (les animaux malades, blessés ou ceux qui sont les moins avantagés au niveau des capacités physiques...).

On peut dire que nous nous comportions comme des renards à Loi Khro, car les filles les mieux physiquement et les plus malignes se dégotent assez facilement des clients, soit directement dans leurs bars, soit au Spicy-club et nous finissions donc la soirée avec les filles qui n'avaient pas trouvé de client, pour X ou Y raisons. Il faut dire que la conjoncture nous aidait : les conséquences du coup d'État qui avait fait tomber le premier ministre Thaksin en 2006 se faisaient encore sentir, de même que les effets de la crise économique de 2008. Il y avait donc beaucoup moins de touristes que les autres années, donc moins de clients potentiels pour les filles des bars, donc une plus grande facilité pour nous, d'autant plus que le fait de sortir avec un « farang deknoy » offrait quelques avantages, notamment le gîte et le couvert. De plus, cela cassait la monotonie que pouvait constituer la drague de clients qui étaient généralement d'un certain âge.

Hans et moi étions bien conscients de cela et nous sommes devenus, en quelque sorte, des coéquipiers dans ce jeu étrange... On peut dire qu'il a prolongé le travail de Kurt vis-à-vis de moi, le fait qu'il n'y ait pas beaucoup d'années d'écart entre nous a aussi beaucoup joué.

Les jours passent et je ressens un malaise de plus en plus grand, un mélange de stress et de tristesse. La cause de ces maux n'est pas vraiment liée à des problèmes moraux mais à la fin du voyage ! Eh oui, une semaine ça passe vite, très vite, et l'aventure touche à sa fin, je vais devoir retourner à Morlaix. Finis les filles, l'alcool et les bonnes œuvres avec Kurt, dorénavant mon quotidien sera ponctué par la pluie, l'ennui, la recherche de travail pénible en usine et les prises de tête avec mes parents. Le retour d'une triste routine que ces six semaines en Asie m'ont presque fait oublier...

Plus que trois jours avant de prendre mon avion pour le retour et une idée me vient en tête : et si je trouvais un moyen de rester en Thaïlande ? C'est vrai, je pourrais essayer de trouver un travail sur place, c'est d'ailleurs ce que Hans envisage aussi. Il doit passer prochainement un entretien d'embauche pour un poste dans un centre d'appel, décentralisé à Chiangmai, qui cherche des personnes qui parlent allemand sans accent. Y aurait-il une entreprise dans laquelle je puisse travailler moi aussi ? Je ne demande pas la lune, juste un poste payé 15 ou 20 000 baths, histoire de pouvoir payer un loyer, la nourriture et, bien sûr, les sorties !

Mais en trois jours, impossible, je m'y suis pris trop tard... Quelle autre solution pourrais-je trouver pour rester sur place ?

- « Tu pourrais rejoindre le programme de la Wild Orchid en tant que volontaire, comme moi, je vais en parler à Ron ».

Kurt était de bonne foi quand il m'a proposé cela mais je savais que c'était impossible. Pour commencer, Ron n'était plus en Thaïlande à ce moment-là, il avait dû rentrer en Hollande afin d'aller gérer des affaires concernant son association et notamment sélectionner les futures personnes qui pourraient bénéficier du programme. Et puis, surtout, je ne remplissais pas les conditions nécessaires pour intégrer vraiment l'équipe de la Wild Orchid, pour la bonne et simple raison que je n'étais, malheureusement, ni hollandais, ni un ancien toxicomane en reconversion...

Je n'ai pas d'autre choix. Je dois prendre mon avion pour Paris et trouver un moyen d'économiser de l'argent pour pouvoir revenir en Thaïlande, plus tard, dans de meilleures conditions.

Mon dernier jour à Chiangmai a été mémorable. Min est allée acheter, au marché, de délicieux mets thaïs et m'a préparé une sorte de fête de départ de midi pour toute l'équipe de la Wild Orchid. Ce genre de petite fête était tout le temps organisée par Min et Mae quand un volontaire achevait sa période de travail et devait rentrer en Hollande mais je n'ai pas connaissance qu'un tel traitement ait été réservé à un simple client de la guest house. C'était, pour moi, une preuve supplémentaire que Min m'avait véritablement adopté comme un membre de l'équipe, pour ne pas dire de cette famille. En effet, elle qui était orpheline et n'avait pas d'autre famille que Mae, considérait vraiment cette communauté comme une famille. Je me souviens avoir versé des larmes quand j'ai dit au revoir à Min, Mae et Kurt le lendemain matin, quand le tuk-tuk est venu me chercher pour m'amener à la gare routière où je devais prendre un car en direction de l'aéroport de Bangkok.

J'ai passé ma dernière soirée à Chiangmai avec Hans et sa copine du moment ainsi que Aui, là encore, une soirée et une nuit mémorables. Je n'avais rencontré Hans que quelques jours auparavant mais je le considérais déjà comme un bon ami. Nous avons échangé nos adresses mail afin de garder contact en attendant mon retour en Thaïlande que j'espérais être le plus rapide possible.

Aui aussi a pris mon adresse mail, et, chose très dangereuse, je me suis rendu compte que je commençais à éprouver des sentiments pour elle. Je savais qu'elle se prostituait même si elle essayait de me faire croire le contraire. Je savais que les filles qui travaillent dans les bars et les salons de massage de Loi Khro peuvent être machiavéliques et tout faire pour obtenir un maximum d'argent de la part de touristes. Il ne fallait pas que je tombe dans un piège. Il ne fallait pas que j'oublie les conseils d'Ahmed, Kurt et Hans. Mais bon, au final, qu'y avait-il de dangereux à échanger quelques mails avec cette fille durant mon passage en Bretagne ? Pas grand-chose apparemment et, en plus, cela pourrait m'apporter l'assurance d'être bien accueilli à mon prochain retour à Chiangmai.

CHAPITRE XII

Addiction

L'addiction est un phénomène de dépendance plus ou moins aliénant à des toxiques ou à des comportements qui permet d'accéder au plaisir immédiat tout en réduisant une sensation de malaise interne. Il s'agit d'un processus impossible à contrôler en dépit de la connaissance de ses conséquences négatives.

Ce mot décrit à merveille ce que je ressens durant la courte période passée en Bretagne, d'août à octobre 2009, avant de revenir à Chiangmai !

Déjà, dans le bus qui m'amène à l'aéroport international de Bangkok, mon comportement est étrange, je pleure en pensant aux semaines qui viennent de s'écouler. De toute mon existence je n'avais jamais vécu avec autant d'intensité ! Où est donc passé le petit français craintif et maladroit qui a débarqué dans ce pays à peine un mois et demi plus tôt ? Il semble avoir disparu, s'être évaporé et avoir laissé place à un autre homme, un homme motivé et qui a vraiment pris goût à l'aventure mais qui a aussi perdu tout contact avec la réalité, un homme qui vit dans une sorte de grand rêve éveillé où se mélangent soleil, filles, alcool…

Heureusement, je ne passe pas beaucoup de temps à Morlaix à mon retour. Je suis retenu pour un travail saisonnier, comme guide touristique bénévole, à Batz sur Mer près de Guérande, en Loire Atlantique. J'avais postulé un peu avant de partir en Thaïlande sans véritable espoir d'être pris.

A première vue, ma situation est plutôt bonne : le temps est clément, les touristes sont nombreux et les pourboires s'accumulent, me permettant de renflouer un peu mon compte bancaire. Mais j'ai vraiment la tête ailleurs, je passe une bonne partie de mon temps libre à parler sur internet avec Hans, Kurt, Aui…

Hans, surtout, me donne de bonnes nouvelles : il a réussi à obtenir le poste pour lequel il avait passé un entretien et est embauché pour un CDD d'un an avec un salaire de 25 000 baths par mois, de quoi bien vivre en Thaïlande !

Aui me dit avoir cessé de travailler dans son salon de massage et avoir trouvé un emploi comme femme de ménage dans un hôtel pas très loin de Loi Khro, une situation plus honorable que son travail de masseuse mais qui paie beaucoup moins, à peine assez pour subvenir à ses besoins. Mouais, je ne sais pas trop quoi en penser...

Concernant Kurt, la routine, il continue son contrat de volontaire au sein de la Wild Orchid mais est affecté à une nouvelle mission qui est censée durer longtemps : il retape entièrement un bâtiment qui abrite des femmes battues, menacées de mort par leur mari.

Le mois d'août passe tranquillement, ce travail m'a un peu changé les idées mais je ressens une sensation de manque, de plus en plus forte, un retour en force du manque d'affection provoqué par le fait de dormir tout le temps seul à nouveau, un manque d'aventure face à la routine qui se profile à la fin de mon travail comme guide touristique.

Autre nouvelle censée apporter une solution à mes problèmes : je suis pris dans une formation de vendeur électroménager en alternance : je vais apprendre à vendre des télés, des frigos et des machines à laver. La moitié du temps doit se passer dans un magasin au nord de Brest, dont la structure de formation m'a donné les coordonnées et qui a accepté de me prendre à l'essai.

J'ai postulé pour cette formation, quelques semaines avant de partir en Thaïlande, à peu près au même moment que pour ma candidature au poste de guide touristique à Batz sur Mer. En temps normal, le fait d'avoir été pris aurait dû être :

- « Génial, j'ai enfin trouvé un moyen de quitter le foyer familial et de me réorienter, adieu le travail en usine ! »

Mais en fait ce que j'ai pensé c'était :

- « C'est bien mais quand même, un an… Un an sans pouvoir me rendre à Chiangmai… Je ne sais pas si je vais tenir ! »

8 Septembre 2009, je commence ma formation par une période de deux semaines en entreprise dans le magasin d'électroménager qui a accepté de me prendre en alternance.

Théoriquement, j'étais censé observer ce que faisaient les autres vendeurs du magasin, écouter, poser des questions. Dans les faits, je déambulais entre les rayons, toujours la tête en l'air à penser à Aui, Hans, la Wild Orchid…

A chaque étape de ma vie, les gens m'ont toujours dit qu'ils trouvaient que j'étais dans la lune mais, depuis mon voyage en Asie, c'était décuplé ! Mes problèmes de concentration me pourrissaient littéralement la vie, je ne pensais qu'à une seule chose : retourner à Chiangmai le plus vite possible !!!

En plus de l'aspect psychologique, mes douleurs au dos sont rapidement réapparues, les mêmes que celles dont je souffrais en travaillant en usine. Elles étaient probablement dues aux efforts fournis pour déplacer les lourdes machines à laver et, peut-être aussi, aux chaussures de ville à talons, règlementaires dans ce métier.

Très vite, mon employeur s'est rendu compte que quelque chose n'allait pas, que mon comportement était vraiment étrange, que je semblais ne rien écouter de ce qu'on me disait. Pensait-il que j'étais idiot ou paresseux ?

Toujours est-il que la question de mettre fin à mon contrat s'est assez vite posée, autant pour lui que pour moi.

Je me souviens notamment d'une phrase de notre professeur de « technique de vente » lors de la seule période de cours que j'ai suivie pour cette formation :

- « Si vous hésitez un peu, quand vous vous réveillez le matin, vous vous demandez si vous êtes fait ou non pour ce métier alors ne réfléchissez pas, la réponse est non car, pour être un bon vendeur, il faut avoir une grande motivation dès le matin au réveil ! »

Cela a achevé de me convaincre que je n'étais pas fait pour ce métier, d'autant plus que, le hasard faisant bien les choses, je reçus un e-mail de Hans particulièrement intéressant à ce moment-là :

- « Salut Kawi, quoi de neuf, mon pote ? J'ai une excellente nouvelle pour toi : j'ai parlé à mon patron et il m'a confirmé que le secteur « francophone » de notre entreprise recherchait activement un employé qui possède le français comme langue maternelle. Comme je sais que tu meurs d'envie de revenir dans le coin, tu devrais sauter sur l'occasion, il te suffit de passer un petit entretien sur place et c'est dans la poche. Tiens-moi au courant et au plaisir de te revoir. Hans »

Ce message m'a semblé être un signe du ciel, à un moment où je me posais beaucoup de questions et j'ai tout de suite sauté sur l'opportunité que me présentait mon ami allemand.

- « Mon garçon, tu ne te rends pas compte des conséquences de tes actes, si je ne t'avais pas pris pour cette formation, quelqu'un d'autre aurait pu en profiter à ta place, je ne pense même pas que tu mérites ton salaire pour le dernier mois, dans la mesure où ton travail ici a vraiment été pitoyable. Je te paierai quand même parce que la loi m'y oblige... Allez, bon vent ! »

Voici, à quelques mots près, comment s'est passé mon entretien de licenciement avec le patron du magasin d'électroménager dans lequel j'ai fait ma formation. Une engueulade qui m'a presque choqué, sur le coup, mais qui a été très vite oubliée à l'idée de bientôt retourner à Chiangmai...

Le mot addiction correspond vraiment bien à l'état dans lequel je me trouvais car ce voyage était ma seule et unique préoccupation du moment et les choses se sont très vite accélérées. J'ai acheté un billet en aller simple pour Bangkok et j'ai demandé à mes parents d'organiser une petite réunion de famille avec mes grands-parents car je ne pensais pas les revoir avant des mois, voire des années...

Dans ma tête, il n'y avait aucune chance que les choses se passent mal : j'allais bientôt travailler dans la même entreprise que Hans et, si jamais il y avait le moindre pépin, je pourrais tout simplement recommencer à aider Kurt sur ses chantiers et vivre à peu de frais à la Wild Orchid tout en cherchant un autre travail à côté.

J'avais, en tout et pour tout, un peu plus de 1000 euros, soit environ 40 000 baths, devant moi, ce qui devait me laisser, au minimum, trois mois de répit, largement le temps de rebondir en cas de problème sur place.

CHAPITRE XIII

L'art de se casser les dents en trois leçons...

« Hey, Kawi, quelle bonne surprise de te revoir ici !!! » ; « Hoooo, tu es de retour parmi nous !!! Ça fait vraiment plaisir !!! » ; « Alors, on n'a pas résisté à l'envie de retrouver toutes les petites minettes de Loi khro ? En tout cas, laisse-moi te dire que je suis content de te savoir de retour chez nous, mec »

Hans, Kurt, Min, Mae, les masseuses de la Wild Orchid... Tout le monde semblait ravi de me voir débarquer à Chiangmai moins de trois mois après mon départ de cette ville. Contents et aussi très surpris, pour la plupart.

Je n'arrive pas à joindre Aui mais, qu'importe, cela ne va pas gâcher la fête, d'abord un repas avec toute l'équipe de la Wild Orchid puis une bonne soirée avec Hans et un autre de ses amis allemands. L'alcool coule à flots au Spicy Club, de nombreuses filles me montrent leur joie de me revoir, avec une franchise variable en fonction des personnes... Aui n'est pas là non plus ! Qu'importe, je passe ma première une nuit avec une autre fille que j'ai connue lors de mon premier voyage.

Bref, une bonne soirée, mais la gueule de bois du lendemain s'annonce très douloureuse !

- « Je suis désolé, mais j'ai une copine, Aui, j'avais un peu trop bu hier soir... »

- « Oui, je me souviens de vous avoir vus ensemble il y a longtemps et je la connais bien. Elle travaille dans le même bar que moi depuis quelques semaines. La nuit dernière, elle est partie avec un touriste américain il me semble... »
- « Ok… Elle m'a dit qu'elle travaillait dans un hôtel comme femme de ménage. »
- « Moi aussi j'ai déjà dit ça à des farangs, certains m'ont envoyé de l'argent pour ne pas que je retourne travailler dans un bar mais, en fait, je n'ai jamais arrêté car ça permet de gagner beaucoup d'argent. Pour que j'arrête de travailler dans un bar, il faudrait qu'un étranger me demande en mariage et prenne soin de moi par la suite. J'aimerais bien trouver quelqu'un de jeune et gentil, un peu comme toi… »

J'ai ressenti une grande déception en entendant ces paroles, un sentiment de trahison… Mais au fond, cette fille n'a fait que me confirmer ce que je savais déjà plus ou moins : Aui n'était qu'une prostituée comme les autres et moi un farang, une proie pour elle… Encore heureux que je l'ai su tout de suite en arrivant et, à la limite, heureusement que je l'ai « trompée » avec une de ses collègues, dès la première nuit de mon retour en Thaïlande, ça me permet d'atténuer le choc psychologique, la gueule de bois a fait le reste. Ce qui est sûr, c'est que je viens, à nouveau, de recevoir une bonne leçon, une piqûre de rappel après celle que j'avais déjà reçue par Jun quelques mois plus tôt !

Quelques heures plus tard, je raccompagne ma nouvelle amie jusqu'à l'entrée de l'hôtel, en lui laissant mon numéro, même si ça ne sert pas à grand-chose. Elle n'a pas eu l'air contente quand elle a appris que je pensais rester travailler ici pour un salaire de maximum 25000 baths, une somme qui représente cinq fois le SMIC thaïlandais mais qui était, sans doute, considérée comme très faible pour cette fille de bars.

D'ailleurs, financièrement parlant, je ne suis pas vraiment au beau fixe : entre le car Bangkok-Chiangmai et ma soirée bien arrosée d'hier, dans laquelle j'ai payé quelques verres à des amis, j'ai déjà dépensé près de 4 000 baths, soit 10 % de mes réserves en une seule journée. Il faut que je fasse gaffe à propos de cela, j'espère que je pourrai rapidement commencer à travailler dans l'entreprise de Hans.

Je retrouve mon ami allemand, en fin d'après-midi, pour parler de tout ça avec lui.

- « Kawi, j'ai une mauvaise nouvelle pour toi, j'ai parlé à mon chef, ce matin, au travail. Ils pensent geler les embauches dans le secteur francophone. C'est la crise, ils n'ont pas besoin de monde maintenant mais ils m'ont dit que ça pouvait changer dans les semaines à venir. En attendant, je suis vraiment désolé de te faire faux bond... »

- « Merde, je comptais un max là-dessus ! »

- « Oui, je comprends, c'est vraiment pas facile de trouver un travail ici pour un farang, à moins d'acheter un business ou quelque chose comme ça. Ce qui pose vraiment problème, c'est le visa de travail ! Les autorités thaïes n'en délivrent pas si facilement. »

Le visa de travail ! Je n'avais même pas pensé à ça ! Je ne possédais qu'un visa touristique d'un mois...

Je n'avais même pas eu besoin d'un passeport pour me rendre en Angleterre et, pour moi, toutes ces histoires de visas n'étaient que des formalités administratives toutes simples. Je venais de me rendre compte que j'étais parti sur un coup de tête, sans aucune préparation. Après tout, Hans, lui-même, ne m'avait pas assuré à 100 % que j'aurais le poste dans son entreprise, mais juste qu'il y avait un poste vacant qui pourrait me correspondre et que je devrais passer un entretien d'embauche pour l'avoir.

Au moins il me restait la Wild Orchid, mes amis, presque ma seconde famille…

- « Tu es vraiment parti, comme ça, sans avoir signé de contrat de travail préalable, et avec un billet d'avion en aller simple pour Bangkok ? »
- « Oui, j'étais persuadé d'obtenir le poste dont Hans m'avait parlé. »
- « Et t'as quand même un plan de secours ou tu t'es précipité dans cette merde les yeux fermés sans penser à rien ? »
- « Rien, j'ai même fermé mon compte courant en France. J'ai juste un peu moins de 40 000 baths en liquide bien plaqués devant moi... »
- « Chapeau mec, tu m'épates, t'as l'air d'un gars sérieux, j'aurais jamais pensé que tu serais capable d'un truc comme ça ! »
- « Je sais, je suis vraiment le roi des cons. »
- « Ca tu peux le dire mon pote, au moins, je pense qu'on se marrera bien quand on repensera à ton histoire par la suite. Plus sérieusement, je vais voir avec Ron et Min ce qu'on peut faire pour toi mais je pense que la seule solution que tu as c'est de profiter un peu du voyage et d'acheter un billet de retour pour chez toi avant d'avoir dépensé tout ton fric. »

Kurt ne pouvait pas beaucoup m'aider, même en ce qui concerne la Wild Orchid. La situation était différente, par rapport à mon précédent voyage, car le foyer pour femmes battues où il travaillait maintenant avait un accès limité, dans le but de protéger les personnes qui y étaient hébergées.

Encore une bonne leçon !

J'ai eu beaucoup de chance que Min m'accorde à nouveau le même traitement de faveur qu'auparavant, notamment concernant les réductions de loyer et la nourriture. Elle m'a vraiment rendu un énorme service, probablement avec l'accord tacite de Ron, mais je n'avais qu'assez peu de contacts avec ce dernier. Il était tout le temps occupé par des tâches administratives concernant son association, son visa, la guest house, les volontaires du programme de la Wild Orchid…

Je ne sais pas ce que je représentais pour Min, peut-être un fils de substitution, un bon ami ou tout simplement une personne en détresse à aider ? Toujours est-il que je lui dois une fière chandelle !

J'ai repris, pendant quelques semaines, une vie assez similaire à celle que j'avais menée durant mon premier voyage en Thaïlande : les bars, le Spicy-club, l'alcool, les filles…

Mais tout était différent. Je devais faire attention à mon argent. Je n'avais pas le moral. Ne pouvant accompagner Kurt en mission, je m'ennuyais beaucoup pendant les journées, je tentais en vain de trouver des solutions à mes problèmes, je tournais en rond en quelque sorte.

Les journées passaient, mes réserves d'argent baissaient et le stress me tiraillait de plus en plus le ventre, de crise d'angoisse en crise d'angoisse. Je devais me rendre à l'évidence : j'avais échoué. Je n'aurais jamais dû abandonner ma formation, je devrai bientôt rentrer chez moi à Morlaix, la tête basse, à moins de trouver une solution miracle à mes problèmes.

Et justement, le hasard m'a encore réservé une énorme surprise et j'ai cru trouver la solution à mes problèmes en parlant avec un français du nom de Denis :
- « Mon gars, je crois que je connais un bon moyen de te refaire : tu devrais prendre un vol aller-simple pour l'Australie. »

- « L'Australie ??? »
- « Ouais, c'est très facile pour les jeunes d'obtenir des visas de travail pour ce pays. Il y a un grand manque de main-d'œuvre dans le domaine de l'agriculture. D'ailleurs j'ai quelques contacts là-bas. J'habite une partie de l'année à Cairns dans le Tablelands et ils cherchent toujours des gens pour aller ramasser les mangues. C'est un bon plan : ça paie bien, le climat est similaire à celui de la Thaïlande et niveau filles... les Australiennes adorent les p'tits Français dans ton genre, crois-moi. »
- « Mais, il me faut une bonne mise de départ, là je suis quasiment à sec. »
- « Mais non, t'inquiète pas pour ça, tu peux arriver sans un sou en poche. Ils payent à la journée et tu peux manger et dormir à la ferme, tu peux te faire du fric et t'amuser en même temps. »
- « Je vais y réfléchir... »
- « Ne perds pas trop de temps à réfléchir, si tu veux je te file des contacts. J'ai quelques amis qui travaillent dans la campagne, pas loin de Cairns, c'est justement la saison des mangues dans le moment, saute sur l'occase ! »

Denis m'a beaucoup parlé du programme appelé « Working Holliday Visa » ou « Visa Vacance Travail », qui a été mis en place par le gouvernement australien pour attirer les jeunes étrangers de 18 à 30 ans et combler, ainsi, le déficit de main-d'œuvre dans le domaine de l'agriculture avec des jeunes motivés qui travaillent comme saisonniers dans les fermes pour financer leurs vacances dans ce pays ensoleillé… Le soir même, j'ai fait ma demande pour intégrer ce programme sur le site internet du ministère de l'émigration australienne et j'ai tout de suite obtenu une réponse favorable.

L'argent qui me restait était à peine suffisant pour me payer le billet d'avion en aller simple Bangkok-Cairns mais, qu'importe, j'avais trouvé une solution à mes problèmes, je n'étais plus obligé de rentrer en Bretagne...
Me voilà reparti pour une nouvelle aventure qui promet d'être enrichissante...

CHAPITRE XIV

Au pays des aborigènes

Denis était un homme très gentil mais vraiment pas quelqu'un de stable. Il était arrivé, un peu par hasard, en Australie dans les années 60, à une époque où le pays faisait tout pour attirer la population nécessaire à son développement économique.

Après avoir un peu travaillé dans les fermes et dans le bâtiment, il s'est très vite décidé à vivre du très généreux système d'aide sociale australien, s'arrangeant pour faire capoter tous les entretiens d'embauche qui lui étaient proposés par Center Link (l'équivalent australien du pôle emploi). Il a, par la suite, passé tout son temps à faire la fête en vivant dans un vieux camion dont il a aménagé la partie arrière en chambre.

Pour compléter ses revenus, il s'était lancé dans la recherche d'or dans les montagnes du nord du pays et il a été rejoint, dans son aventure, par un ami allemand, Roman.

Denis n'a, pour ainsi dire, presque jamais vraiment travaillé de sa vie et a passé le plus clair de son temps à fumer de la marijuana, faire du surf et draguer les filles…

N'importe qui aurait deviné que les conseils de cet homme ne valaient pas grand-chose et il fallait être fou pour entreprendre un tel voyage sans aucune préparation. C'est pourtant ce que je m'apprêtais à faire, et ce, malgré la dure leçon que je venais de recevoir lors de mon arrivée en Thaïlande, un mois et demi plus tôt. Mais, pour moi, il n'y avait rien de pire que ma vie monotone à Morlaix, que j'assimilais à un cauchemar, et j'ai tout simplement préféré troquer ce cauchemar contre un rêve...

Le rêve de repartir à zéro et, enfin, réussir ma vie à l'étranger, ne revenir à Morlaix qu'après avoir trouvé une bonne situation, prouvé au monde que, malgré mes échecs en Bretagne, en Angleterre et en Thaïlande, j'étais capable de réussir.

En plus de cela, cette situation ressemblait étrangement à celle de mon arrière-grand-père Alemany, un peu plus d'un siècle plus tôt : je m'embarquais presque sans un sou en poche pour un pays inconnu mais où je pouvais espérer bien gagner ma vie en commençant par travailler dans les fruits et légumes. J'avais enfin une occasion en or de renouveler l'épopée familiale.

Kurt, Hans et les autres semblaient vraiment heureux pour moi et mon départ a, une nouvelle fois, été dignement fêté : par Min et les autres membres de Wild Orchid, le midi avant mon départ, puis par une nuit de fête avec Hans avant d'aller me coucher avec une amie rencontrée au Spicy-club.

Le goût de l'aventure était largement supérieur à mon appréhension, et, contrairement à mon précédent départ de Thaïlande, je n'ai pas versé une seule larme, ni dans le bus qui m'amenait à Bangkok, ni dans l'avion de Bangkok à Cairns.

Une de mes premières démarches, à peine débarqué de l'avion, est d'échanger tous mes baths thaïlandais contre des dollars australiens : je n'obtiens que 55 dollars et je dois immédiatement en dépenser 10 pour prendre la navette pour aller au centre-ville.

Je commence à réaliser que je dois impérativement trouver un travail, dès le lendemain, si je ne veux pas mal finir. Heureusement, d'après ce que m'a dit Denis, ça ne sera pas un problème : il me suffit de prendre un car pour Mareeba, le jour même, et de trouver Neil, son ami indien qui connaît tous les exploitants agricoles de la région, il me trouvera immédiatement du travail.

Et voilà comment je me suis retrouvé à Cairns, sur mon banc, presque sans un sou en poche...

Je pense qu'il est inutile de préciser que ma première nuit en Australie a été terrible. Physiquement, j'ai le ventre tiraillé par les 10 heures du voyage en avion la veille, la faim et, bien sûr, le stress.

Ma nuit n'a été qu'une alternance entre des moments de sommeil en demi-teinte et des moments d'angoisse, allongé sur la pelouse d'un parc public, au pied d'un arbre et à côté des bâtons d'encens que j'ai plantés dans le sol pour prier le ciel de me sortir de ce véritable cauchemar.

Quoi qu'il en soit, le pire serait de ne rien faire. Après avoir erré quelques heures dans les rues de Cairns, je décide de prendre un bus pour Kuranda, une petite ville à mi-chemin entre Cairns et Mareeba, au moins la moitié du chemin jusqu'à Neil sera fait.

Avec moins de 2000 habitants, Kuranda est, en fait, un gros village qui ne possède pas beaucoup d'infrastructures mais cet endroit est très connu pour être un haut lieu de la culture aborigène en Australie.

D'une certaine façon, on peut dire que j'ai été accueilli royalement à mon arrivée à Kuranda : j'ai tout de suite sympathisé avec le prince héritier des lieux. Il s'appelle Junior, c'est le petit-fils du roi de la tribu qui habite les environs de Kuranda mais cette autorité n'a de sens que pour son peuple et il n'a aucune légitimité auprès de l'État australien. Nous avons beaucoup parlé lui et moi :

- « Je dois me rendre le plus vite possible à Mareeba... »

- « En tous cas, ça ne sera pas aujourd'hui, il n'y a plus de car ! »

- « Je vais encore me retrouver à passer une nuit dans la rue, marre de cette situation… »
- « Mais non, viens avec moi, on va déposer tes affaires chez mon oncle qui habite juste à côté. »
- « Je pourrai dormir chez ton oncle ? »
- « Qui te parle de dormir ? La vie est faite pour faire la fête mec ! »

Avec son vieux bermuda, son tee-shirt délavé et sa casquette, Junior ressemble plus à un hippie qu'à un prince et la fête dont il parle n'est, ni plus ni moins, qu'une beuverie dans les rues du petit bourg de Kuranda… Junior et ses amis, aborigènes eux aussi, m'ont offert du vin australien qui n'était pas de très grande qualité et m'a, pour ainsi dire, lessivé l'estomac…

Je trouvais ces personnes très sympathiques mais avec un côté archaïque : ils ne se sont pas acclimatés au système capitaliste et à la société australienne contemporaine, le taux d'alcoolisme parmi leur population est très fort et le taux d'alphabétisation plus faible que la moyenne australienne. L'état leur donne des aides sociales presque 2 fois supérieures aux autres catégories de population ainsi que de très bons taux d'intérêts bancaires (à la fois comme « réparation » pour les préjudices qu'ils ont subis mais, surtout, pour les pousser à ne pas dépenser tout leur argent en alcool et en drogue). Mais c'est une très faible compensation, comparée aux immenses terres dont on les a dépouillés et aux mauvais traitements qu'ils ont subis durant la colonisation de l'Australie (ils n'avaient pas beaucoup plus de droits que les animaux jusqu'aux années 1970).

Je me souviens des longues discussions que j'ai eues avec ces descendants des premiers habitants de l'île-continent. Ils semblent être en majorité animistes et/ou panthéistes et très superstitieux. Ils possèdent toujours une certaine organisation sociale primitive, qui leur est propre, avec des rois qui sont, en fait, des chefs de tribus non reconnus par les instances officielles australiennes. Les relations hiérarchiques, et notamment le respect des anciens, semblent avoir une certaine importance pour eux. Beaucoup d'entre eux ont migré en ville et sont considérés comme des « cas sociaux » par le reste de la population. On peut dire qu'ils se trouvent « entre deux cultures » : ils ont perdu une partie de leur culture originelle, sans avoir, pour autant, assimilé la culture occidentale.

Les aborigènes représentent environ 3,5 % de la population australienne mais plus de plus de 20 % de la population carcérale, cela est dû en grande partie au fait qu'ils se battent très souvent entre eux et parfois contre d'autres personnes. Ils sont aussi souvent impliqués dans des trafics de drogue douce : ils produisent des plans de cannabis qu'ils font pousser dans la jungle et certains d'entre eux consomment fréquemment des drogues dures.

Deuxième nuit passée sur le territoire australien, deuxième nuit passée dans la rue.

Un mal de ventre me tiraille à nouveau mais cette fois-ci, la cause n'est plus le stress mais le vin blanc australien de premier prix que j'ai consommé en grande quantité la veille.

Je fais vraiment peine à voir, je n'ai pas mangé grand-chose ces deux derniers jours, à l'exception de gâteaux secs achetés dans un supermarché, à mon arrivée à Cairns, et de quelques fruits que m'ont donnés mes amis aborigènes la veille. Je ressemble vraiment à un zombie !

Que faire dans une telle situation ?

Dans les grands moments de détresse, on se tourne souvent vers la religion. C'est ainsi qu'après un moment de réflexion, je décide de me rendre à l'église anglicane du village afin de demander au pasteur s'il peut me fournir un peu de nourriture, me permettre de me laver et m'aider à aller jusqu'à Mareeba...

CHAPITRE XV

Un sauveur nommé Rex

Le hasard fait bien les choses. J'arrive à l'entrée de cette église au moment où la messe se termine et je rencontre le pasteur qui parle avec un homme qui habite Mareeba et s'apprête justement à rentrer chez lui en voiture, le pasteur nous invite donc à faire du covoiturage jusqu'à cette ville.

- « Comment t'appelles-tu mon garçon ? »
- « Guillaume, et vous ? Rex, si je me souviens bien d'après ce qu'a dit le pasteur. »
- « Oui, c'est ça, c'est un nom assez peu courant... Qu'est-ce qui t'amène à dans le secteur ? »
- « J'espère pouvoir travailler dans une ferme pour la saison des mangues, j'ai vraiment besoin de me refaire, je n'ai plus un sou en poche, j'ai dormi dans la rue la nuit dernière. »

Je savais que ce que je faisais n'était pas bien, j'étais presque en train de mendier auprès d'un homme qui me rendait déjà un grand service en me conduisant gratuitement jusqu'à Mareeba... Je pensais qu'il allait me donner 10 ou 20 dollars, par charité chrétienne, mais je l'ai vu sortir deux billets de 50 dollars de sa poche.

- « De quelle religion es-tu jeune homme ? »
- « Agnostique, mais j'ai grandi dans une famille catholique ! »
- « Tiens, prends ces 100 dollars. »

- « Mais, c'est beaucoup d'argent, vous me rendez déjà un service en me conduisant à Mareeba… »
- « Prends cet argent et ne discute pas. Le sermon de la messe d'aujourd'hui était consacré à la miséricorde, et pour moi qui crois en Dieu, le fait de rencontrer un agnostique dans la détresse, juste après une messe consacrée à la miséricorde, ne peut pas simplement tenir du hasard. »
- « Je ne sais comment vous remercier. »

Rex ne s'est pas contenté de me donner ces 100 dollars et de me laisser filer, il m'a déposé devant un bar du centre-ville de Mareeba qui louait aussi des chambres à la semaine et il m'a réservé une chambre pour une semaine qu'il a payée de sa poche !

Il m'a aussi invité à passer l'après-midi chez lui et m'a offert le café. Il m'a aussi permis d'utiliser sa machine à laver et m'a donné beaucoup de conseils pour m'aider dans mes recherches d'emploi :

- « Ton ami Denis m'a l'air d'être un idiot, il t'a décrit ce pays tel qu'il était il y a 40 ans. En même temps, venant de quelqu'un qui, apparemment, n'a jamais rien foutu de sa vie, ça ne m'étonne pas. Tu peux aller voir ce Neil, si tu veux, mais je te conseille aussi de t'inscrire dans les différentes agences d'intérim du coin. »

Rex était un homme d'une grande valeur morale, très pieux et très généreux mais qui semblait souffrir d'une grande solitude, il avait pourtant eu une vie très mouvementée. Il était passionné par les hélicoptères et il en avait fait son métier. Dans un premier temps il avait servi en tant que pilote dans l'armée australienne puis il avait participé à la guerre du Vietnam.

Il a ensuite fondé, puis dirigé, toute sa vie, une entreprise d'import-export d'hélicoptères à usage civil en

Australie et a passé beaucoup de temps à voyager pour raisons professionnelles.

Rex ne s'est jamais marié et n'a pas eu d'enfant. D'après ce que j'ai compris, sa seule famille encore en vie au moment où je l'ai rencontré, se composait de son frère ainsi que de la femme et des enfants de ce dernier, mais ils habitaient loin et ne se voyaient presque jamais.

Au moment de prendre sa retraite, Rex a choisi de s'installer à Mareeba et d'y mener une petite vie tranquille, ses seules fréquentations semblaient être les gens de sa paroisse et ses proches voisins.

Je suis presque sûr qu'il m'a assimilé à un fils ou un petit-fils le peu de temps durant lequel nous sommes restés en contact car il se trouvait assez seul à la fin de sa vie. De mon côté, j'ai conscience que je dois beaucoup à cet homme et je regrette de ne pas avoir gardé ce contact jusqu'à ses derniers jours.

Rex est décédé d'un cancer fin 2010 et je ne l'ai appris que quelques mois après. Je ne savais pas comment le joindre après mon départ d'Australie, ayant laissé mon portable à un ami au moment du départ, sans penser à noter les numéros qui se trouvaient dans le répertoire. J'ai décidé de contacter la paroisse de Kuranda, via leur site internet, courant 2011, et le pasteur m'a répondu que mon sauveur était décédé quelques mois plus tôt. Il semble que notre rencontre l'ait marqué car il en a plusieurs fois parlé autour de lui par la suite.

Revenons à ce jour de décembre 2009 à Mareeba : après un bon après-midi passé avec Rex, j'ai rejoint la chambre qu'il avait louée pour moi au-dessus du pub et j'ai enfin pu passer une bonne nuit, sur un vrai lit, je me suis senti un peu comme sauvé de la noyade.

Le fait de ne pas savoir où on va dormir la nuit prochaine, de ne pas savoir si on va avoir à manger durant les prochains jours… Tout ceci est horrible, violent, psychologiquement destructeur.

On dit souvent que la misère ne peut être vraiment comprise par ceux qui ne l'ont pas vécue et je pense que c'est vrai. Mes précédentes crises d'angoisse n'étaient pas grand-chose comparées à celles que j'ai vécues durant mon voyage en Australie, aussi bien à Cairns et Kuranda que durant la suite du voyage.

Aussi, je crois vraiment les paroles de Rex qui disait que « cette rencontre ne pouvait simplement tenir du simple hasard ». Je suis persuadé que la prière que j'ai faite au pied de cet arbre à Cairns a été exaucée, même si je ne peux pas dire par qui ou quoi…

Toujours est-il que je me suis promis de faire en sorte de ne plus jamais me retrouver dans cette situation. Dès le lendemain de ma rencontre avec Rex, je me suis inscrit dans toutes les agences d'intérim de la ville, il fallait que je trouve un travail au plus vite.

S'il y avait bien un point sur lequel Denis ne s'était pas planté c'est que les exploitations agricoles de Mareeba recrutaient bel et bien à tour de bras pendant le mois de décembre.

Il était très facile de trouver un emploi comme « Fruitpicker » (ramasseur de fruits) dans le secteur.

Ces emplois sont simples mais difficiles, un peu à l'image de ceux que j'ai déjà effectués en usine : on doit ramasser les fruits directement dans les arbres, les laver et les mettre dans des caisses spéciales, le tout sous un soleil de plomb. Mais l'ambiance est globalement meilleure que dans les usines dans lesquelles j'ai travaillé en Bretagne.

Ce travail reste quand même harassant et paye assez peu, les piqûres de guêpes sont monnaie courante et il faut faire très attention à la sève de manguier qui contient un agent toxique très dangereux provoquant des brûlures chimiques sur la peau.

Les horaires de travail sont pénibles : de 6 h du matin jusqu'à 16 h, en général, avec des pauses non rémunérées mais assez fréquentes pour pouvoir souffler un peu.

Le travail est également irrégulier à cause des pluies tropicales qui nous forcent à arrêter.

Durant les deux dernières semaines de décembre, les agences d'intérim de Mareeba s'arrachaient la main-d'œuvre disponible du secteur. Début janvier, déjà, l'activité s'est ralentie d'un coup et, à partir du 15, plus moyen de trouver un emploi sans permis ni véhicule.

Que faire à ce moment-là ?

- « Tu devrais aller à Bundaberg, plus au sud, ils cherchent encore du monde pour travailler dans les fermes là-bas, j'y ai déjà travaillé par le passé »

Le 15 janvier 2010, à peine un mois après mon arrivée à Mareeba, je me retrouve dans une situation plutôt délicate et me revoilà sur les routes, sur les conseils d'un ancien collègue de travail que je connaissais à peine. Il faut dire que, cette fois-ci, je n'avais pas vraiment le choix : sans travail, je ne pouvais rien faire. Je m'étais refait une petite santé financière avec mes salaires d'ouvrier agricole dans les mangues mais à peine de quoi tenir deux ou trois semaines. Rex m'avait assuré de son soutien :

- « Si tu as le moindre problème, appelle-moi, même si c'est un problème d'argent, n'hésite pas. »

Mais je me voyais mal aller à nouveau lui demander de l'aide après tout ce qu'il avait déjà fait pour moi. En plus de m'avoir donné 100 dollars et payé ma première semaine de loyer, il m'avait invité au restaurant pour Noël, brisant un peu ma solitude du moment. Il me laissait aussi utiliser sa machine à laver. Il m'a plusieurs fois invité à prendre le goûter chez lui et moi je ne pouvais jamais lui rendre la pareille. Je ne voulais pas qu'il me prenne pour un bon à rien, qu'il ait l'impression d'entretenir une loque.

Aussi, il fallait que je réussisse par moi-même, à l'image de mon arrière-grand-père, et, pour cela, il fallait que je travaille car, dans la vie, « on n'a rien sans rien et on ne peut toujours compter sur les autres pour s'en sortir ! »

- « Tout va bien Rex, ne t'inquiète pas, je te tiens au courant de la suite de mon voyage par téléphone, et je tenterai de revenir à Mareeba dans quelques mois ! »

CHAPITRE XVI

La Vital Connexion Team

Bundaberg, ville de près de 50 000 habitants située à environ 1400 km au sud de Cairns... Bundaberg, un mot presque synonyme d'espoir pour moi car, le climat y étant un peu plus frais qu'à Mareeba, la saison des mangues commence et se termine avec quelques semaines de retard.

Après plus de 24 h passées dans un car climatisé, je débarque enfin dans mon nouveau foyer pour tomber sur... des dizaines de personnes comme moi, des centaines, peut-être même des milliers de jeunes titulaires d'un Working Holliday Visa arrivés sur cette terre promise. En effet, les rumeurs circulent vite et Bundaberg passe pour le meilleur endroit pour trouver des places dans les fermes du secteur sauf que, visiblement, l'offre est largement inférieure à la demande, toutes les auberges de jeunesse affichent complet, et tous les emplois à pourvoir sont déjà occupés.

- « Tu devrais te rendre à Harvey-bay, c'est une station balnéaire sur la côte, il paraît qu'on y cherche toujours du monde pour travailler dans des hôtels, nettoyer les chambres... »

Que faire ? Tenter de voyager à nouveau ? Encore une fois, je n'ai pas le choix, je dois suivre le conseil d'un illustre inconnu en quête d'un travail pour pouvoir au moins me loger et me nourrir.

- « Désolé, tes infos sont périmées, il n'y a plus de travail à Harvey-bay depuis au moins deux semaines, je te conseille de te rendre à Brisbane, c'est une ville de plus 2 millions d'habitants, il y a toujours du travail dans les grands centres… »

J'espère vraiment que cette fois-ci c'est la bonne, il ne me reste plus que 150 dollars en poche après avoir payé le car pour Brisbane, c'est à dire à peine de quoi tenir une semaine. Mon angoisse repart de plus belle, la peur de la misère surtout, le souvenir de mes premières nuits passées dans la rue n'est pas loin. Il est très improbable que je trouve un « nouveau Rex » qui pourrait m'aider et j'espère ne pas avoir à déranger mon ami de Mareeba à nouveau…

« Désolé, on ne cherche personne pour le moment, reviens dans 2 semaines, on ne sait jamais… » ; « Nous recrutons seulement des personnes avec de l'expérience dans la vente, désolé… » ; « Nous on ne recrute plus personne dans le moment, mais essayez toujours dans la rue plus loin… » ; Bars, commerces, hôtels, il me semble que plus personne ne recrute à Brisbane ou en tout cas personne ne veut de moi… Le cauchemar reprend de plus belle !

Au bout de 3 jours, je dois me rendre à l'évidence, j'ai échoué encore une fois lamentablement…

J'ai à nouveau le sentiment d'être inutile au monde, un « moins que rien » incapable de se débrouiller par lui-même… Après mûre réflexion, il ne me reste plus qu'une seule solution, demander à mes parents de m'envoyer de l'argent pour prendre un billet en aller simple pour Paris et rentrer à Morlaix la tête basse, très basse… En attendant, je vais être obligé d'avoir recours à l'aide de Rex, à nouveau, car je ne pourrai bientôt plus payer ma chambre dans l'auberge de jeunesse la moins chère du centre-ville, je ne pourrai plus manger non plus… Une loque humaine, voilà ce que je suis, même pas un homme !

Crises d'angoisse, pleurs, stress, peur et même idées noires car, après tout, la mort serait-elle pire que cette situation ?

Je dois me reprendre. On m'a donné un flyer avec un bon pour aller une demi-heure gratuitement sur Internet dans un cybercafé qui se trouve juste à côté de mon auberge. Je dois y aller, il faut que j'envoie cet e-mail à mes parents, j'appellerai Rex ensuite.

Sur le chemin, entre mon hôtel et le cybercafé, quelque chose m'attire mystérieusement : un panneau qui indique une église adventiste dans une petite rue, juste à côté. Adventiste ? Qu'est-ce que c'est que ça ? Ma curiosité l'emporte, je vais regarder... Tiens... Il y a deux personnes sur le pas de la porte de l'église, je me renseigne :

- « Nous ne sommes pas vraiment différents des autres chrétiens. Simplement, nous pensons avoir une interprétation plus conforme à ce qui est écrit dans la Bible, c'est pour cela que, pour nous, le jour du seigneur est le samedi et non le dimanche. »

- « Ok... Brian, c'est ça ? Vous êtes le prêtre ou le pasteur de cette église ? »

- « Non, je suis juste bénévole au sein de la Vital Connexion Team, nous nous occupons de l'aide aux SDF, nous leur procurons à manger trois soirs par semaine et justement, nous nous apprêtons à partir en tournée. »

Je n'arrive pas à y croire, un petit espoir recommence à germer en moi. Je raconte mon histoire à Brian et Lech, l'autre bénévole qui se trouve avec lui, tous les deux écoutent avec attention et tentent de m'aider.

- « Je vais appeler un ami qui travaille à Pindary, le centre d'hébergement de l'armée du salut à Brisbane, il est possible qu'il te trouve une place même si je te promets rien. »

Brian a contacté son ami devant moi et, surprise, ce foyer pour SDF avait une chambre qui allait se libérer le lendemain et elle m'était réservée. Je ne savais pas quoi faire pour le remercier, je me sentais gêné, toutes mes émotions étaient exacerbées par les événements de ces derniers jours.

- « Tu peux passer la soirée avec nous, on doit finir de préparer la nourriture avec le reste de l'équipe qui se trouve dans la cuisine, sous l'église et au moins tu seras assuré de manger à ta faim ce soir. »

- « Merci Lech, merci mille fois. »

- « De rien mon gars, j'ai un fils qui doit avoir à peu près ton âge et je n'aimerais vraiment pas le voir dans une situation comme la tienne. »

Lech était polonais mais il passait le plus clair de son temps à l'étranger, il avait déjà visité tous les continents et passé une partie de sa vie à travailler aux États-Unis et en Angleterre. Il était à ce moment-là logé par une amie dans un petit appartement du centre-ville de Brisbane. Il y effectuait quelques travaux manuels.

Cet arrangement pouvait tenir jusqu'à la rentrée universitaire de février car l'appartement devait ensuite être occupé par le fils de cette dame qui était étudiant à Brisbane.

Meilleur ami, frère, fils de substitution… Je ne sais pas trop ce que je représentais pour lui ni vraiment comment définir ce qu'il représentait pour moi, toujours est-il que Lech m'a pris sous son aile et m'a beaucoup aidé pendant mon séjour à Brisbane, un peu à l'image que ce que Kurt avait fait pour moi à Chiangmai.

Après m'avoir présenté à l'équipe de bénévoles de Vital Connexion Team, Brian m'a renseigné sur cette organisation :

- « La Vital connexion team est un service de l'ADRA : l'Adventist Developement Relief Association (l'équivalent du secours catholique pour l'église adventiste). Nous préparons des repas chauds végétariens, trois fois par semaine, à destination des SDF de Brisbane, cela leur permet de manger des repas équilibrés. Le fait de ne pas avoir de viande dans nos plats évite que des personnes végétariennes ou ayant des régimes spéciaux, halal, kasher… se sentent rejetés ! »

- « Ok, c'est une très bonne initiative, qu'est-ce que je peux faire pour vous aider ? »

- « Pour ce soir, on a fini de cuisiner, tu peux nous aider à porter les plats jusqu'au camion aménagé puis nous irons servir tout ça dans le parc qui se trouve à deux rues d'ici. »

La distribution de nourriture ressemblait à un self : les personnes se présentaient avec une assiette en carton et des couverts en plastique que nous leur avions fournis et nous les servions en fonction de ce qu'ils voulaient parmi les plats proposés (gratin, purée, légumes divers cuits à la vapeur, fruits et autres desserts).

Une chose m'a vraiment surpris : l'ambiance était très bonne, les gens parlaient beaucoup entre eux, s'échangeaient des blagues, riaient. J'avais presque l'impression de me retrouver dans une fête de quartier plutôt que dans une distribution d'aide alimentaire aux nécessiteux. On pouvait cependant deviner l'état de précarité de la plupart des gens qui venaient nous voir à l'état de leurs vêtements, au fait qu'il leur manquait généralement quelques dents aussi. Mais, après tout, la soirée que j'avais passée avec les aborigènes à Kuranda me l'avait bien démontré : même quand on est en détresse, on peut trouver, de temps en temps, des moments de détente…

D'ailleurs, en parlant de détente, Lech me fit une belle proposition pour ce qui concerne la suite de la soirée :

- « Quand on aura fini la distribution et la vaisselle, on pourra aller chez moi, je te ferai visiter un peu les environs et je peux aussi t'héberger avant d'aller à ton rendez-vous à Pindary demain matin. D'ailleurs je pourrai t'y accompagner car c'est assez difficile à trouver… »
- « Ok, merci beaucoup

CHAPITRE XVII

Des larmes au rire

Le grand jardin botanique du centre-ville est magnifique. On y trouve une multitude de variétés de plantes différentes et une grande partie du parc est éclairée la nuit. C'est le premier endroit que Lech m'a fait visiter, ce soir-là, avant que l'on ne se dirige vers South Bank, un espace avec une grande piscine publique gratuite, ouverte 24 h sur 24 h, et aménagé à l'image d'une plage.

Le climat subtropical de Brisbane permet de s'y baigner toute l'année, c'est un aménagement splendide.

Depuis le grand pont piéton qui se trouve à côté de South Bank, on a accès à une très belle vue : les lumières de différentes couleurs des rues et des immeubles forment un paysage urbain magnifique la nuit.

- « Je te montrerai d'autres choses un autre jour mais là nous sommes presque arrivés chez moi. »

- « Merci pour tout. Il y a quelques heures à peine, j'hésitais entre me suicider ou supplier mes parents de m'envoyer assez d'argent pour rentrer vite fait chez eux, mais là ! La solution d'hébergement à Pindary qui tombe du ciel et maintenant ça : le paysage, South Bank... Je suis passé de l'enfer au paradis ! »

- « Oui, ce qui est sûr c'est que tu aurais eu du mal à trouver une meilleure ville comme point de chute... Regarde là ! On dirait une bouteille de vin ! »

Effectivement, une bouteille de vin blanc avait été laissée bien en évidence sur le trottoir d'une des rues les plus fréquentées par les étudiants de Brisbane dans le centre-ville, juste à côté de l'appartement de Lech. C'était bizarre de la trouver là. Quelqu'un l'avait oubliée et aucun étudiant ne l'avait ramassée, malgré le passage (il y avait foule dans les rues de cette ville qui était très animée). Mais bon, je n'étais plus à un miracle près. Lech et moi avons bu cet étrange cadeau qui semblait nous attendre et nous sommes allés nous coucher : lui dans le lit une place du studio et moi, par terre, dans un sac de couchage, ce qui était quand même très confortable.

En plus de m'avoir trouvé une chambre à Pindary, Brian et Lech m'avaient donné des prospectus présentant toutes les initiatives qui existaient à Brisbane pour pouvoir se nourrir : soupe populaire, barbecues organisés de manière hebdomadaire par des associations, camion à sandwiches de la Croix Rouge, produits invendus par les magasins à la date limite de consommation et distribués par la banque alimentaire…

Bon sang, j'étais tombé dans une sorte de paradis pour SDF, impossible de mourir de faim dans cette ville, on pouvait même choisir ce qu'on voulait manger et à quelle heure tellement le choix était grand !

- « Vous êtes un touriste en vacances à qui il est peut-être arrivé quelques malheurs, je veux bien le croire, mais n'oubliez pas que vous êtes entouré de personnes qui ont tout perdu. Vous avez de la chance qu'une chambre se soit libérée chez nous au bon moment. Aussi, et j'insiste sur ce point, Pindary a un règlement très strict et vous devrez vous y conformer ! »

- « Oui, je comprends, c'est normal. »

- « Ce règlement comprend l'obligation d'être suivi par un de nos assistants sociaux et l'obligation théorique de payer un loyer d'une centaine de dollars par semaine, ce qui est symbolique si on compare ça au prix des locations dans cette ville. Pour le moment, nous ne vous demanderons rien, au vu de votre situation, mais cela ne va pas durer éternellement. Autre point très important : couvre-feu à 22 h tous les soirs. »

Il fallait que je redescende un peu sur terre car les événements de la veille m'avaient presque fait oublier ma situation de SDF et cet entretien avec le responsable de Pindary a été pour moi une sorte de piqûre de rappel concernant ma situation plus que précaire du moment : je devais me plier aux règles de ce qui n'était clairement pas un hôtel mais un centre d'hébergement d'urgence pour les personnes qui n'ont pas de toit pour dormir.

Nouvelle journée passée à cogiter, à angoisser par moment, mais aussi à rêver à des jours meilleurs… J'ai fait connaissance avec les trois autres personnes qui partageaient ma chambre à Pindary car les nouveaux pensionnaires sont toujours placés dans des chambres pour quatre personnes au début. J'ai surtout sympathisé avec l'un d'entre eux, Sam, un quadragénaire qui s'était retrouvé là à la suite de son divorce et de la dépression qui a suivi.

L'heure tourne, le temps passe vite, à 17 h je dois me rendre au travail. Travail bénévole certes, auprès de la Vital Connexion Team, comme le soir précédent, mais cela me permet au moins de ne pas trop perdre la face, de donner de mon temps en échange de la nourriture que je reçois, de ne pas être un parasite et un poids mort pour la société et cela a une très grande importance psychologique.

- « Je t'explique : Nous allons chercher les aliments à la banque alimentaire de Brisbane les samedi, dimanche et lundi, en début d'après-midi, puis nous les amenons dans notre local, sous l'église du centre-ville. »

- « Vous choisissez les ingrédients que vous voulez à la Banque Alimentaire ? »
- « Parfois oui, mais on doit adapter les recettes en fonction de ce que l'on peut avoir. La plupart des légumes proviennent de sur-stockages des magasins, d'autres sont trop grands, trop petits ou de formes étranges, bref, tous ceux que les gens ne veulent pas acheter quand ils les voient dans les rayons mais une fois dans l'assiette, ils ont le même goût que les autres. »
- « Ah oui, en fait votre action permet d'éviter que trop de nourriture ne parte à la poubelle… »
- « Exactement, tiens, prends ce couteau, tu vas m'aider à éplucher les carottes ! »

Ernesto était sans doute l'une des personnes les plus actives de l'équipe et il donnait de la motivation à tout le monde. Je ne connais pas grand-chose de l'histoire de ce Chilien arrivé en Australie une trentaine d'années avant notre rencontre mais, ce qui est sûr, c'est qu'il était très travailleur. Il faisait cela, à la fois par charité chrétienne mais aussi pour promouvoir la nourriture végétarienne.

Après avoir cuisiné et distribué la nourriture, la soirée se terminait par une grande vaisselle conviviale. C'était vite devenu une routine pour moi, je payais en quelque sorte la nourriture que je recevais de diverses associations en travaillant une douzaine d'heures par semaine pour l'ADRA.

Mis à part la Croix Rouge et la Banque Alimentaire, les organismes qui s'occupaient de nourrir les SDF de Brisbane étaient liés à une église chrétienne : catholique, anglicane, adventiste, autres églises protestantes… Il y avait même une « brigade œcuménique », une association formée de membres des différentes églises de la ville, qui nous fournissait des fruits et des sandwiches le matin.

Une autre structure était aussi incontournable : le « 139 club » ou simplement « le club » : Cet endroit, peu connu de la majorité des habitants de Brisbane, mais très prisé par les personnes dans le besoin, permettait à chacun de continuer à vivre presque comme une personne normale car on y trouvait beaucoup de choses indispensables pour garder une vie sociale : des douches gratuites, des produits d'hygiène corporelle, des assistants sociaux et des infirmières qui pouvaient distribuer des médicaments aux personnes souffrantes... Le club possédait aussi une grande pièce avec des lits qui faisait office de dortoir en journée, pour ceux qui n'avaient pas d'endroit où dormir la nuit et des casiers avec des cadenas qui permettaient aux gens d'y stocker quelques affaires en sécurité et ainsi d'éviter de se les faire voler la nuit dans la rue.

C'est, bien entendu, Lech qui m'a fait découvrir cet endroit :

- « Tu devrais vraiment venir au 139 club, ils proposent des activités sympas, c'est un bon endroit pour passer le temps, surtout le jeudi. C'est le seul jour ou le self est gratuit le midi, les autres jours il faut payer 3dollars, 2 pour le plat principal et 1 pour le dessert, mais même là, ça vaut le coup car leur cuisinière est vraiment remarquable. »

Lech était lui-même bénévole au club, ce qui lui donnait quelques avantages comme : manger gratuitement au self tous les jours, avoir accès à du vrai lait de vache et à des petits gâteaux avec son café (là où les autres usagers devaient se contenter de lait en poudre), et aussi, un choix en avant-première sur les arrivages de vêtements ou la distribution de nourriture. Mais cela restait un bénéfice assez maigre comparé aux grands services qu'il rendait.

Les bénévoles étaient généralement des personnes elles-mêmes précaires et aidées d'animateurs salariés. La structure pouvait fonctionner grâce à des dons et à une grosse subvention du conseil municipal. J'ai hésité à rejoindre l'équipe de bénévoles du club mais mon optique restait de trouver du travail, même si je n'y consacrais plus trop d'efforts.

Dans les faits, je visitais la ville, je me baladais, je passais beaucoup de temps sur internet dans les bibliothèques du secteur et j'allais de temps en temps nager un peu à South Bank…

- « Guillaume, mon frère, tu as bien raison de profiter un peu de la vie, surtout dans cette ville… mais il faut quand même chercher du travail à côté. Sans travail, pas de renouvellement de visa et tu devras peut être aussi acheter un billet d'avion pour retourner chez toi un jour. »

- « Je sais Lech, ne t'inquiète pas, je profite juste un peu de la vie, juste quelques jours, histoire de récupérer de tout ce qui m'est arrivé ces derniers temps. »

- « Ok, je comprends, tu as encore du temps devant toi de toute façon, mais garde ce que je viens de te dire en tête, pour l'avenir ! »

CHAPITRE XVIII

Des âmes charitables

Lech avait raison. Je me laissais aller. Je ne me considérais pas comme un touriste en vacances et il ne fallait surtout pas que je donne cette impression aux autres, il fallait que je me batte, que je m'en sorte par moi-même…

Plusieurs personnes ont vraiment essayé de m'aider durant les quelques semaines que j'ai passées à Pindary, à commencer par Brian qui m'a trouvé cette solution d'hébergement mais je n'ai malheureusement pas pu le revoir après mon admission dans cette structure, pour la triste raison que Brian a eu un grave accident de voiture dans les jours qui ont suivi ma rencontre avec lui. Il s'est retrouvé hospitalisé dans un état grave jusqu'à mon départ d'Australie.

Au fond, je ne l'ai presque pas connu mais je sais que c'était quelqu'un de bien, c'est à lui que l'on doit la création de la Vital Connexion Team : il a commencé cette activité seul, en utilisant sa propre voiture et en se rendant seul à la banque alimentaire. Il y dépensait une partie de son salaire pour venir en aide aux nécessiteux.

Par la suite, des personnes l'ont rejoint afin de l'aider dans sa tâche et, il a reçu une grande aide financière de la part de l'ADRA. La Vital Connexion Team s'est rattachée à l'ADRA.

J'ai aussi eu quelques rendez-vous avec Bill, mon assistant social référent à Pindary, quelqu'un de très sympa et qui semblait prendre son travail à cœur. Malheureusement il ne pouvait pas faire grand-chose pour moi, hormis me donner des informations sur les différentes structures qui pouvaient m'aider et j'avais déjà reçu la quasi-totalité de ces informations par Lech et l'équipe du 139 club. Mon principal problème était que, titulaire d'un Working Hollyday Visa, je n'avais droit à aucune couverture sociale, aucun accès aux offres d'emploi de Center Link (l'équivalent australien de Pôle Emploi) et, bien sûr, aucun des programmes de réinsertion sociale financés par le gouvernement australien. Malgré sa bonne volonté, Bill ne pouvait donc pas beaucoup m'aider.

Une autre employée de Pindary, Claire, a aussi tenté de m'aider, elle était d'origine française et m'a plus ou moins prise sous son aile quand j'étais vraiment dans la galère :
- « Il y avait quelques fautes sur le CV en anglais que tu m'as passé, je les ai corrigées, maintenant tu vas pouvoir le transmettre à des agences. »
- « Merci, beaucoup, j'avoue que je n'ai pas été très actif depuis mon arrivé à Brisbane... »
- « Je comprends que tu sois déboussolé après ce qui t'es arrivé, mais si tu veux t'en sortir, il faut que tu remettes assez vite à chercher un emploi. J'ai rencontré un jeune français qui a travaillé un moment dans une usine de volailles, je vais chercher les coordonnées de l'entreprise qui l'employait et je te les donne mais je veux vraiment que tu fasses aussi des démarches de ton côté en attendant. »

Claire était quelqu'un de pragmatique, très sympa, toujours souriante et très active. Tout comme Bill, elle prenait son travail très à cœur et m'a bien motivé, à un moment, pour que je relance mes recherches d'emploi.

J'ai donc tenté à nouveau de postuler dans des bars, des commerces, des hôtels... Je me suis inscrit dans plusieurs agences d'intérim... En vain à nouveau...

Quant à l'usine de volailles dont m'avait parlé Claire, elle avait fermé quelques mois avant mon arrivée dans le pays !

Il n'a pas fallu longtemps pour que je perde à nouveau ma motivation pour tout ce qui concerne ma recherche d'emploi à Brisbane. J'alternais entre moments de rêve, presque d'euphorie et moments d'angoisse un peu à l'image d'un bipolaire.

- « The Big issue, the Big issue, achetez the Big issue... »
- « Je suis désolé Madame, je n'ai pas d'argent, je suis SDF pour tout vous dire ! »

Réponse cinglante, sans doute un peu brutale mais pleine de vérité, j'avais autre chose à faire qu'acheter son satané journal et je détestais me faire interpeler dans la rue. Je m'attendais à une réponse du genre « Ok, faites comme vous voulez » même si, en fait, elle devait penser « casse- toi alors » mais, sur ce coup-là, j'avais vraiment tort !

- « Justement, moi aussi, c'est pour ça que je vends ces journaux. Je peux vous donner l'adresse si vous voulez faire de même. »

« *The Big issue* », le journal que vendait Roselyne était, en fait, l'équivalent australien de « Macadam » et son objectif était « *to help people help themselves* », autrement dit « aider les gens qui veulent s'en sortir ». La philosophie du journal était de permettre aux nécessiteux de se réinsérer sur le marché du travail, par cette activité, avec un principe assez simple : se fournir en journaux à 2,5 dollars pièce dans des magasins partenaires de l'opération (la principale chaîne partenaire était « the body shop ») puis revendre les journaux à 5 dollars pièce et garder les bénéfices pour soi.

Pour cela, il fallait s'inscrire comme vendeur auprès de l'antenne locale du journal, non loin du centre-ville, Roselyne m'y a accompagné le lendemain matin.

- « Nos meilleurs vendeurs arrivent à se dégager un petit salaire mais cela n'est généralement pas suffisant pour vivre, ça permet au moins d'arrondir les fins de mois pour beaucoup de personnes. »

David, le responsable de l'antenne, était quelqu'un de franc et de sympathique. On voyait qu'il était motivé par son travail et désirait vraiment aider les gens à s'en sortir.

- « J'ai un visa de travail en règle valable encore 10 mois. »

- « Ok, mais, de toutes façons, nous acceptons toutes les personnes qui jouent le jeu, tu n'as pas à t'en faire. Mets-toi devant la webcam, il me faut juste une photo pour finaliser ton inscription. »

En portant l'uniforme de vendeur de « The Big Issue », j'avais bien conscience que ma condition de personne en état de grande précarité allait être révélée au grand jour, mais qu'importe, je n'avais pas grand-chose à perdre de toute façon. Au contraire, j'avais tout à y gagner car, outre le fait de pouvoir m'apporter un peu d'argent, cette activité m'a permis de retrouver un minimum de confiance en moi.

Malheureusement, comme l'avait dit David, les ventes du journal ne suffisent généralement pas à bien vivre, surtout pour un vendeur débutant… Et ma situation était intenable, cela faisait déjà deux semaines que je dormais à Pindary, sans payer de loyer, et j'avais donc une dette vis-à-vis de l'Armée du salut qui grossissait de jour en jour, déjà plus de 200 dollars. Je n'étais pas vraiment en mesure de la rembourser : presque tout l'argent que je gagnais avec « The Big Issue » était placé sur mon compte en banque australien dans le but de payer une caution pour pouvoir louer un studio ou, au pire, mon billet de retour pour la France, si ma situation empirait encore…

- « En cas de problème, tu peux dormir à la maison, mon frère, quelques jours au moins, le temps de trouver une solution d'urgence. En fait, si ça ne tenait qu'à moi, tu pourrais rester plus longtemps mais je dois rendre les clés dans 10 jours puis je serai hébergé chez un ami. »

Lech était toujours aussi bienveillant envers moi et ça me fendait le cœur de devoir accepter son aide, mais tôt ou tard, j'allais perdre ma place à Pindary, au moins l'armée du salut accepterait-elle d'effacer ma dette...

Mon ami polonais m'a permis d'avoir accès à un casier au 139 club afin d'y entreposer mes affaires et de n'avoir sur moi, en permanence, qu'un sac à dos avec le minimum vital : des affaires de rechange pour une journée (deux jours le vendredi, car le club était fermé le week-end) ma trousse de toilette, une serviette, mon chargeur de portable…

Je suis ensuite allé dire à Bill que je ne reviendrai pas dormir le soir à Pindary, que j'avais trouvé une solution d'hébergement provisoire.

CHAPITRE XIX

Plus bas que terre

Le studio dans lequel vivait Lech était, en fait, une chambre d'étudiant qui ne devait pas faire plus de 14 ou 15 m2 mais il était bien aménagé, moderne et disposait de toutes les commodités nécessaires.

Il était situé en plein centre-ville, non loin du jardin botanique.

Comme je l'ai déjà mentionné, cette solution d'hébergement ne pouvait être que temporaire et il me fallait une solution, trouver autre chose, mais quoi ?

En y réfléchissant, la meilleure solution qui m'est passée par la tête était de trouver une copine chez qui loger, mais moi qui suis si maladroit et qui n'ai jamais eu beaucoup de succès avec les filles, comment faire ? Cela paraissait irréaliste…

- « Honnêtement mon gars, tu auras du mal à te trouver une jolie petite étudiante, comme ça, en claquant des doigts. Je te conseille plutôt d'aller faire un tour du côté du casino du centre-ville et essayer de draguer une des nombreuses femmes divorcées qui fréquentent la petite boîte de nuit du rez-de-chaussée. Certaines sont plutôt bien conservées et, surtout, bourrées de fric, tu pourrais réussir à te faire entretenir pendant un moment. »

Je connaissais l'usager du 139 club qui m'a donné ce conseil et Lech avait confiance en lui. C'était un métis néo-zélandais, baraqué et toujours souriant. Il fréquentait, de temps en temps, le casino et s'était, parfois même, vu proposer de l'argent par certaines des femmes dont il parlait, pour passer la nuit avec elle.

Quoi qu'il en soit, je n'avais rien à perdre et cette solution ne me semblait pas pire que de vivre dans la rue, dans la mesure où mon estime de moi était quasiment inexistante et où les effets du manque d'affection se faisaient de plus en plus sentir. Aussi, moi qui avais passé énormément de temps à parler avec toutes ces filles de bars en Thaïlande, j'avais presque l'impression de faire déjà partie de ce milieu…

Vendredi soir, c'est parti. J'enfile un jean propre, mon meilleur tee-shirt, je vérifie que je suis bien coiffé, les ongles bien coupés, et Lech me prête du parfum. Je pars comme ça, laissant mon sac à dos chez lui afin d'être sûr de n'avoir aucun problème avec la sécurité à l'entrée du casino.

Une fois à l'intérieur, je m'avance assez lentement vers la petite piste de danse qui se trouve dans un angle au fond du rez-de-chaussée, en suivant les panneaux d'indication. Le stress me déchire le ventre, mais je suis en même temps poussé par une sorte de goût de l'aventure, je plonge en quelque sorte dans l'inconnu…

L'endroit est bondé, beaucoup de gens de tous âges dansent, rient, s'amusent, sur fond de musique électro, la plupart ont un verre d'alcool à la main. Comment m'insérer parmi eux ? Comment draguer l'une de ces femmes qui sont regroupées par groupes de trois ou quatre, sans homme autour apparemment ? Je tente le traditionnel coup du « Excusez-moi, on ne serait pas déjà vus quelque part ? », mais d'une manière vraiment maladroite évidemment. Je suscite surtout des rires et des moqueries, ça n'est pas de la drague mais de la parodie…

Je parle un peu avec un groupe de femmes originaires des Philippines, elles sont très nombreuses en Australie car beaucoup d'Australiens vont chercher l'amour dans ce pays. Le contact passe mieux avec elles qu'avec les autres. Peut-être aussi est-ce le fait que, physiquement, elles ressemblent beaucoup aux Thaïlandaises qui me pousse à aller vers elles ?

Toujours est-il que je n'ai pas plus de succès auprès d'elles, simplement elles sont plus sympas que les autres ou elles trouvent juste marrant de se faire draguer maladroitement par un jeune français de passage.

Au final, cette tentative est un échec cuisant : j'ai réussi à me faire payer quelques verres par des personnes qui me trouvaient « marrant », une sorte d'aumône en échange du spectacle, mais cela ne m'a rien rapporté. Idem pour le samedi soir, la situation est presque la même, je suis plus ridicule qu'autre chose, mais bon, je peux toujours tenter de m'améliorer, il me faut persévérer…

Le temps passe vite, très vite, trop vite… Mardi soir, dernière nuit passée chez Lech, après ça je suis condamné à dormir dehors. Un bonheur dans mon malheur : une assistante sociale du 139 club m'a donné un SWAG, un équipement de camping qui se compose d'un petit matelas en mousse et d'une bâche étanche qui permet de dormir protégé de la pluie. Il est facilement transportable grâce à une grosse lanière. Une bonne nouvelle, qui me permet d'atténuer un peu le stress, mais il n'empêche que je suis vraiment à bout de nerfs. Il faudrait un miracle pour me sortir de cette horrible situation mais je pense avoir épuisé mon quota de miracles ces dernières semaines…

Une rencontre opportune au 139 club, me fait changer d'avis sur la question : Un homme nommé William me propose de dormir chez lui le soir car il me dit me prendre en pitié, il est d'accord de me laisser dormir chez lui pour quelques jours tout au plus.

- « Tu as vraiment fait ça ? Essayer de te prostituer au casino ? »

- « Oui, je sais que c'est pas bien, je n'avais vraiment pas le choix… »
- « Seulement avec des femmes ou des hommes aussi ? C'est beaucoup plus facile avec des hommes à ce qu'il paraît. »

La discussion avec William continue et prend une tournure de plus en plus bizarre, nous sommes sur son canapé en train de regarder la télé et il cherche notamment s'il y a un programme érotique sur une des chaînes avant d'annoncer clairement la couleur :
- « J'ai 50 dollars sur moi, ils sont à toi si tu me laisses te faire un massage, tu vas voir, tu vas aimer ça. »
- « Non, je te l'ai déjà dit, je n'aime pas les hommes. »

Je trouvais William assez étrange d'un premier abord, mais je n'imaginais quand même pas ça de sa part, d'autant plus qu'il est vraiment insistant. Il me colle de plus en plus sur le canapé et, même s'il précise qu'il ne fera rien sans mon consentement, il insiste pour me faire boire du vin avec lui.
- « Tu peux toujours dormir ici, mais c'est un studio, donc tu vas devoir au moins me regarder me masturber quoi qu'il en soit. »

C'en est trop, je décide de partir. William tente de m'en dissuader, me retient par le bras mais il ne peut rien faire, il n'a pas beaucoup de carrure et semble déjà à moitié ivre. Je pars avec toutes mes affaires, mieux vaut dormir dans la rue qu'en compagnie de ce pervers !
Je finis donc ma nuit, à quelques centaines de mètres de chez lui, sous le porche d'une église…
Je n'ai pas revu William après cela, il a sans doute eu honte de revenir au 139 club les semaines qui ont suivi, peut-être a-t-il eu peur de me revoir ?

L'argent que m'a donné Rex, le travail dans les exploitations de mangues, les initiatives de Brian et Lech... C'est comme si tout cela avait été inutile car je n'ai pas réussi à remonter la pente. Me revoilà à la rue, comme un chien... Je tente de vendre « The big issue » quelques heures par jour, je mange presque tous mes repas dans des soupes populaires et je me transforme en parodie d'escort-boy le week-end au soir, bref, je suis plus bas que terre...

En général, j'ai de la chance et la nuit se passe plutôt bien. Je me trouve un coin tranquille, à l'abri des regards et je suis au chaud dans mon SWAG. Parfois je suis gêné par des passants qui s'aperçoivent que je suis là. Une fois aussi, je suis contraint de changer de lieu, en plein milieu de la nuit, suite aux menaces d'un SDF que je ne connais pas et qui dit que je lui ai volé sa place...

La peur de tomber sur quelqu'un de malintentionné est la chose la plus stressante, encore pire que le fait de se faire frapper : cela pourrait entraîner la perte de mon sac à dos qui comprend mon passeport, les clés de mon casier au 139 club, une partie de mon argent, mon téléphone portable...

Il m'est arrivé une seule fois de me faire violemment agresser, par un groupe d'aborigènes visiblement sous héroïne, un matin, en me rendant à une distribution de nourriture.

- « Casse- toi d'ici et en vitesse, si tu ne veux pas qu'on te fasse la peau. »

- « Je viens juste chercher à manger comme tout le monde. »

- « Ah, ça ne te suffit pas de nous avoir volé notre terre ? Maintenant tu viens nous prendre notre nourriture, sale anglais ! »

Ils étaient une dizaine, mais une partie d'entre eux étaient endormis ou en train de planer sous l'effet de la drogue, outre celui qui me parlait, une fille s'est approchée et m'a poussé violemment.
- « Laissez-le tranquille, il ne vous a rien fait. »

Terry, un ami Maori qui venait d'arriver sur place, m'a tiré de cette très mauvaise situation, il a ensuite parlé aux aborigènes qui sont partis. Il m'a expliqué que, dans leur délire, ils m'ont assimilé à un colon anglais et que ce genre de chose arrive assez fréquemment.

Une autre personne n'aurait sans doute pas réussi à les calmer mais Terry, du simple fait d'être Maori, leur inspirait une certaine crainte car les Maoris de Nouvelle-Zélande sont plus nombreux que les aborigènes à Brisbane et, de par leur carrure et leur caractère, il vaut mieux ne pas leur chercher d'embrouilles si on tient à sa santé. Terry m'avait beaucoup aidé lors des premiers jours dans la rue, il m'avait conseillé des endroits où aller dormir et donné de précieux conseils pour survivre dans ce milieu.

CHAPITRE XX

La fin du voyage

Tandis que Lech venait de trouver une solution temporaire à ses problèmes, grâce à un prêtre polonais qui le logeait, en échange de menus travaux dans le presbytère, je m'enfonçais dans une triste routine dont je voulais me sortir à tout prix.

Même si le 139 club me permettait de maintenir une hygiène correcte et de garder la très grande majorité de mes affaires en sécurité, cette situation ne pouvait pas durer et je ne voyais pas vraiment de solution à mes problèmes. Les ventes de « The big issue » ne progressaient pas vraiment et j'avais décidé d'abandonner mes projets concernant le casino. Ce n'était pas par lassitude, défaitisme ou réalisme concernant cette activité mais parce que, à force de chercher et de passer du temps dans cet endroit, j'avais fini par trouver certaines de ces femmes, en quête de jeunes hommes à entretenir, voire à payer pour une nuit.

Elles étaient loin d'être comme je me l'étais imaginé : très grosses, mal habillées (presque vulgaires), avec, au minimum, une cinquantaine d'années bien marquées. Elles affichaient leur richesse, offrant facilement des verres aux gens.

J'ai un peu parlé à l'une d'elles mais je n'ai pas pu aller plus loin. Le simple fait de me retrouver dans les bras de ce que je percevais comme un monticule de gras et de cellulite me donnait la nausée. C'en était trop, trop pour moi, psychologiquement parlant, je ne pouvais pas aller jusque-là…

Mon Dieu, j'avais vraiment sous-estimé les épreuves que doivent endurer toutes ces filles rencontrées à Chiangmai. Je comprenais mieux, à présent, les raisons de leur alcoolisme et pourquoi certaines d'entre elles détestaient littéralement les occidentaux. J'ai moi-même, à un moment, fait de trop grands raccourcis et éprouvé de la haine pour ces riches australiens et australiennes. Pas seulement envers ceux et celles rencontrés à cette occasion mais tous ceux qui me considéraient comme un élément nuisible et ne se cachaient pas pour me le montrer, ceux qui lançaient des regards de réprobation quand je vendais « The big issue ». Certains d'entre eux riaient en me voyant, d'autres, surtout des jeunes, se moquaient de moi.

Heureusement de nombreuses personnes ne pensaient pas comme eux. En fait, la majorité des gens marchent dans la rue sans même faire attention aux personnes qui sont à côté d'eux. D'autres me donnaient de l'argent, même sans acheter mon journal, et quelques personnes se montraient même très généreuses. On peut notamment citer cet avocat, plutôt fortuné, qui a décidé de passer une partie de son temps à organiser une distribution de nourriture, une fois par semaine, un homme bien, un peu à l'image de Brian, mais qui semblait agir simplement par humanisme et non par conviction religieuse.

Quoi qu'il en soit, je ne supportais plus la rue. J'ai toujours été « décalé » par rapport aux autres mais ces semaines passées dans la plus grande précarité commençaient à me rendre totalement fou. Mon objectif n'était plus de rester vivre dans ce pays mais de trouver un moyen de rentrer chez moi mais il me fallait payer mon billet d'avion de retour pour Paris, cela risquait de prendre plusieurs semaines voire plusieurs mois...

- « Tu peux dormir sur le canapé du salon dans mon appartement, les autres co-locataires sont partis ce week-end. »

Aide inattendue d'un ami latino-américain que j'ai rencontré, par hasard, quand je vendais « The big issue ». En fait, le mot ami était fort car je n'avais rencontré cette personne que deux ou trois fois quand il était bénévole pour l'armée du salut mais qu'importe, je ne pouvais refuser aucune aide.

- « Moi-même je suis dans une mauvaise situation, j'ai un visa, un diplôme en informatique et de l'expérience mais, dans le moment, ils n'embauchent plus dans ce domaine et ça n'est pas faute de chercher, crois-moi. Je ne réside pas ici depuis assez longtemps pour obtenir d'allocation de CenterLink en cas de coup durs. »

J'ai présenté à mon nouvel ami le réseau des endroits où on pouvait manger gratuitement à Brisbane, en espérant que cela puisse l'aider en cas de besoin. C'était une aide minime comparée aux deux nuits que j'ai passées au chaud sur son canapé…

Mais, le lundi, je me retrouve dans la même galère : pas de logement en vue. Là encore, coup de chance : je rencontre Lech et Susan en ville. Susan est une résidente de son ancien immeuble que j'ai déjà rencontrée via la Vital Connexion Team où elle était bénévole.

Susan et moi avions des profils assez similaires : elle adorait voyager, était aussi passionnée d'histoire mais sa grande passion était sans doute l'art et elle venait d'entamer une reprise d'étude dans ce domaine à l'âge de 30 ans. Elle était originaire de Nouvelle-Zélande mais avait choisi d'étudier en Australie, en grande partie pour changer d'air, par lassitude vis-à-vis de sa ville d'origine et de sa famille.

- « Guillaume, je comprends ta situation, je peux te loger chez moi une nuit de temps en temps. Sur le sol, à la manière de Lech, mais seulement deux ou trois nuits par semaine car je tiens à mon indépendance. »

C'était déjà un énorme service car, en plus de cela, Susan acceptait de garder mon sac à dos durant la nuit (je le lui déposais le soir et le récupérais le matin). Je n'avais plus peur de me faire voler mon portefeuille, mon passeport.

Il y avait, au rez-de-chaussée de l'immeuble, un endroit avec des toilettes qui n'étaient que très peu utilisées mais nettoyées tous les jours. Je les avais remarquées du temps où je dormais chez Lech. L'une des toilettes, notamment, était d'une grande taille et fermait de l'intérieur, à l'image des WC pour handicapés.

Quel palace ! Il y avait juste la place suffisante pour y étaler mon SWAG et dormir tranquille dans cet endroit qui, de plus, était climatisé.

J'ai, bien entendu, gardé cette information pour moi. Les SDF ne divulguent jamais leurs meilleurs emplacements de peur qu'un concurrent n'essaie de les en déloger. De plus, dans mon cas, il s'agissait d'un emplacement de luxe, en quelque sorte, rien à voir avec les vieux garages, les kiosques du jardin botanique ou les parvis d'église devant lesquels j'avais dormi jusqu'à présent. Et j'y étais en sécurité qui plus est !

L'hébergement que m'offrait ponctuellement Susan ainsi que mes très chères toilettes m'ont permis de reprendre un peu espoir, de ne pas céder à l'angoisse mais ma situation restait très précaire.

Un petit boulot m'a redonné temporairement espoir : une agence du centre-ville de Brisbane cherchait des jeunes pour aller travailler dans des fermes de melons. J'ai ainsi passé trois jours dans la petite ville de Chinchilla à ramasser des « rockmelons », de très gros melons de forme ovale.

Travail terriblement harassant : il fallait aller vite, très vite, pas le temps de plier les jambes pour se baisser, il faut plier le dos… Mon dos qui se durcit, la douleur est horrible, on ne nous laisse pas vraiment boire de l'eau. Ce travail était infiniment plus dur que tous ceux que j'avais faits avant. L'équipe se composait de quelques autres occidentaux titulaires d'un WHvisa et d'Indiens titulaires d'un visa étudiant. Aucun Australien ne voulait faire ça ! D'ailleurs, le fermier ne nous a pas demandé de remplir le document administratif, normalement obligatoire. Donc, travail illégal, non déclaré !

Au soir du troisième jour, je demande à ne pas travailler le lendemain, je ne peux presque plus marcher, je ne peux plus tenir, je gémis… Je passe la journée qui suit au lit, plié en deux avec des douleurs au dos qui me paralysent. Ça ou la rue, il faut vraiment choisir ? Non ! Je n'ai plus d'autre choix, je dois céder, tant pis si je passe, une fois de plus, aux yeux de tous pour un tocard. Je vais appeler mes parents pour les supplier de m'envoyer de l'argent afin de finir de payer mon billet de retour.

Dernières semaines passées au pays des kangourous, dernières crises d'angoisse, pleurs sur ma situation, moments où j'ai une telle haine de moi-même que je pense un moment à en finir avec la vie… Heureusement, je ne sais pas si c'est du courage ou de la lâcheté mais je ne passe pas à l'acte.

Quelques bons moments tout de même dans la phase finale de mon voyage : la Vital Connexion Team m'offre une glace après mon dernier service ; quelques soirées bien arrosées avec Lech, Susan et d'autres personnes. Quelques moments d'émotion en quittant des personnes, elles aussi dans la précarité, et auxquelles je m'étais attaché : Nora, cette Maorie d'une cinquantaine d'années

qui me prenait presque pour son fils ; Anish, ce pasteur protestant d'origine indienne qui voulait me reconvertir au christianisme ; Crazy Jo, cet anarchiste libéral, adepte de toutes les théories du complot et qui devait me voir comme une sorte d'allié dans cette cause car j'étais moi-même un élément rejeté du système.
 - « J'espère que tu as apprécié ton voyage et que tu garderas de bons souvenirs de notre pays »
 - « Oui, Rex, ne t'inquiète pas, tout s'est très bien passé à Brisbane et encore merci pour l'aide que tu m'as apportée. »

C'était mon dernier contact téléphonique avec celui qui m'avait presque sauvé la vie lors de mon arrivée en Australie. Je pense que j'ai bien fait de ne pas lui dire toute la vérité. Je ne voulais pas l'embarrasser avec mes problèmes, il devait continuer à penser que son coup de pouce financier m'avait permis de remonter la pente et de reprendre une vie normale, après mon naufrage à Kuranda...

Ma situation, dans les faits, était presque correcte vers la fin du voyage. Susan, notamment, a accepté de m'héberger toutes les nuits durant mes deux dernières semaines, quand elle a su que j'étais sur le point de partir. En échange, je lui ramenais de la nourriture récupérée dans différents points de distribution car son budget n'était pas vraiment au beau fixe non plus.

Mes parents m'ont envoyé 700 euros en Western Union, soit environ 1000 dollars, de quoi payer 90 % du prix de mon billet Brisbane-Paris en aller simple. J'ai payé le reste du billet d'avion avec ce que j'avais économisé en vendant « The big issue » et dans mon dernier travail à Chinchilla. Cela m'a également permis de payer mon billet de train Paris-Morlaix…

CHAPITRE XXI

Retour au pays des rêves

Le retour de la routine dans la maison familiale, les petits boulots à l'usine, la dette que je devais rembourser à mes parents, tout cela m'importait assez peu au final... Mes crises d'angoisse se sont atténuées mais n'ont pas totalement disparu à mon retour. Les souvenirs de Brisbane me hantaient toujours, mes réflexes de SDF étaient toujours présents. Quand je passais devant un garage abandonné, je pensais toujours « c'est un bon endroit pour passer la nuit »...

C'est comme si une partie de mon âme était restée à Brisbane, j'étais traumatisé...

- « Financièrement vous n'êtes pas dans une si mauvaise situation que ça, vous pouvez toujours piocher dans les 15 000 euros que votre grand-mère a placé pour vous lors du décès de votre grand-père. »

- « Quoi ? J'ai déjà vu cela mais je pensais que c'était juste une sorte d'assurance vie. »

- « Non, C'est juste un compte bloqué, vous pouvez retirer une partie de l'argent en vous y prenant à l'avance. »

J'ai passé des semaines et des semaines à dormir dans la rue alors que j'avais 15 000 euros dc côté à la banque!!!!!!!! Mais qu'est-ce que c'est que cette histoire ?

- « On ne t'a rien dit pour ne pas que tu l'utilises pour faire n'importe quoi ! Cette conseillère n'aurait pas dû t'en parler ! »

Mes parents ont sans doute pensé bien faire en me cachant ces informations mais je l'ai vraiment très mal pris, si j'avais su ça j'aurais pu utiliser une petite partie de la somme pour tenter de redémarrer au début de mon voyage à Brisbane, prendre le temps de chercher un travail dans de bonnes conditions au lieu de sombrer petit à petit dans cette horrible situation !

Je ne peux pas rester là, je ne peux plus travailler comme ça à la chaîne (de toute façon après mon passage à Chinchilla mes douleurs au dos se sont gravement amplifiées et ces tâches de manutentionnaires me paraissent dangereuses pour ma santé).

J'ai toujours des contacts fréquents avec Kurt, il a passé le TEFL, un diplôme qui permet d'enseigner l'anglais partout dans le monde et il a obtenu un poste dans une petite ville de l'extrême nord de la Thaïlande. Et si je suivais la même voie, étant donné que mon niveau d'anglais s'est fortement amélioré depuis mon voyage en Australie ?

Après tout, avec 15 000 euros on peut faire beaucoup de choses et cette fois-ci je suis mieux préparé que lors de mon précédent voyage !

Il ne s'est pas passé trois mois entre la fin de mon aventure tumultueuse au pays des kangourous et mon retour à Chiangmai et me revoilà entouré de mes amis de la Wild Orchid, de Hans et même de Aui avec qui j'avais maintenu quelques contacts, via internet.

Outre les séquelles psychologiques que je gardais de mon passage dans les rues de Brisbane, j'ai bien vite constaté que l'ambiance n'était plus la même : les touristes étaient beaucoup moins nombreux qu'auparavant car le spectre d'une guerre civile hantait les esprits depuis l'écrasement brutal, par le gouvernement, du mouvement des chemises rouges.

La baisse de l'activité économique se ressentait beaucoup, le moral des travailleurs et des expatriés était en berne, les bars et les hôtels perdaient de l'argent et les filles ne pouvaient pas envoyer grand-chose à leurs familles. Aussi, Hans résumait bien un problème qui touche les gens installés sur place depuis un moment :

- « Quand tu viens dans ce pays, en tant que touriste, tout est génial au début, tout le monde sourit, tu as vraiment envie de rester vivre sur place mais plus le temps passe et plus tout ça perd de son côté magique et tu te rends compte que tu sombres petit à petit dans une triste routine. »

Ce constat était très juste : parti avec beaucoup de projets en tête, je n'ai pas passé beaucoup de temps à travailler mon anglais et j'ai petit à petit commencé à me désintéresser du TEFL pour reprendre la vie que j'avais menée durant mes précédents voyages et dont les principales caractéristiques sont les filles de bars et l'alcool…

Ici il n'était plus question de réitérer les exploits du père Alemany, de faire fortune à l'étranger à partir de rien en travaillant dur, ni même de participer à des activités bénévoles d'intérêt général… Non, plus rien de tout cela, juste de l'oisiveté, une vie qui se consume petit à petit, une sorte de suicide sur le long terme, d'ailleurs que se passera-t-il le jour où j'aurais épuisé ma réserve de 15 000 euros ? En effet, même si le coût de la vie est faible dans ce pays, je ne tiendrai pas indéfiniment sur ces réserves. En fait je m'en foutais presque, même si je faisais attention à mon budget pour que cela dure un maximum de temps…

Les filles de bars avaient beaucoup moins de clients et ceci me facilitait la tâche au Spicy club car beaucoup d'entre elles venaient me voir juste dans le but de ne pas avoir à payer de logement ou de nourriture pendant quelques jours : elles passaient la journée avec moi, retournaient travailler dans leur bar le soir pour voir si elles pouvaient trouver un client et me gardaient comme « solution de secours ». De mon côté, j'essayais toujours de leur faire sentir qu'elles n'étaient pas avec un client, de leur montrer un maximum d'affection, aussi bien par le biais de massages et de caresses que par d'autres petites attentions. Et surtout, je passais du temps à les écouter me raconter leurs problèmes en tentant de les réconforter. Mon aventure australienne m'a permis de ressentir un peu mieux leur détresse psychologique et je me faisais un devoir d'essayer d'y remédier au moins un minimum...

Mais il fallait quand même que je garde en tête le commandement principal de ce milieu : ne pas s'attacher et s'attendre toujours à recevoir un coup de poignard dans le dos.

Dans tous les cas de figure j'étais foutu, ma vie ne menait à rien et je ne pouvais me résigner à quitter cette situation qui ne me menait nulle part.

En fait, seule la mort pouvait vraiment me sortir de ce guêpier, et c'est d'ailleurs ce qui s'est produit.

CHAPITRE XXII

La mort de Mike

Hans et moi n'étions pas les seuls « renards » du Spicy club, loin de là. Parmi les quelques dizaines de jeunes expatriés qui allaient chasser dans cet endroit, de temps en temps, le plus connu et celui qui avait le tableau de chasse le plus étoffé, était sûrement Mike.

Mike avait 29 ans, et il habitait Chiangmai depuis au moins quatre ans déjà, il avait un lourd passé. Apparemment il avait fait plusieurs cures de désintoxication, en France, dans le but de se défaire de son addiction à l'héroïne et il avait décidé de venir ici pour changer d'air, pour oublier son passé, soutenu en cela par sa famille qui lui versait autour de 200 euros par mois. Il complétait ses revenus en donnant des cours de langue thaï aux expatriés et d'autres petits trafics.

Ce mec représentait pour moi une sorte de modèle : il passait bien auprès de tout le monde, arrivait à ses fins avec toutes les filles qu'il voulait, il semblait vivre sa vie au jour le jour sans aucun souci… Enfin c'est ce que je croyais…

- « Il était sur le point de remonter sur son scooter quand il a commencé à cracher du sang, en grande quantité, puis il est tombé, d'après ce qu'on m'a dit il s'agit d'une cirrhose du foie. »
- « La vache, il se plaignait souvent de douleurs au ventre mais je ne m'attendais vraiment pas à ça… »

- « En même temps, c'est pas étonnant, vu la quantité d'alcool qu'il s'envoyait tous les jours, d'ailleurs il m'a laissé une sacrée ardoise... Je t'ai déjà entendu dire que tu étais en train de sombrer dans l'alcoolisme mais ce n'est vraiment rien à côté de lui, finir comme ça, si jeune, quelle tristesse ! »

Apparemment, Mike connaissait bien tous les patrons de bar de la ville et avait une ardoise similaire chez une bonne partie d'entre eux. Certains, d'ailleurs, n'avaient pas une bonne image de lui et le voyaient surtout comme un profiteur. Sa réputation n'était pas aussi bonne que ce que je pensais...
- « Il a mis trois jours à mourir, une fois arrivé aux urgences, il a craché du sang et n'a cessé de se plaindre de douleurs pendant ce temps. »

Son meilleur ami m'a donné beaucoup de détails. C'est lui qui s'est occupé de toutes les démarches administratives concernant le consulat de France et les contacts avec la famille de Mike.

Son corps n'a pas pu être rapatrié car la famille n'avait pas les moyens financiers de le faire. Mon ami a donc dû être incinéré à Chiangmai et une mèche de cheveux a été envoyée au domicile de ses parents, par la poste, comme ils le souhaitaient.

Voilà c'était Mike dans cet incinérateur mais ça aurait pu être moi, quelque temps plus tard, vu la vie que je menais...

Angoisses, cauchemars... Je me réveillais la nuit en m'imaginant cracher du sang et agoniser sans que personne ne s'en soucie... NON, NON, NON, je ne veux pas, je ne peux pas finir ainsi !!!!

Pourquoi n'ai-je pas mis fin à mes jours en Australie ? Sans doute parce que, malgré tous mes échecs, toutes mes déconvenues, je tiens à la vie ! Malgré les nombreuses tensions avec mes parents, je ne tiens pas à leur infliger la même chose que ce qui est arrivé aux parents de Mike !

Il faut que je me ressaisisse, si je ne veux pas crever la gueule ouverte comme un chien !

La mort de Mike a été pour moi un électrochoc, quelque chose qui m'a permis de me ressaisir, de bouger, de quitter Chiangmai, après des mois de quasi-léthargie et après avoir déjà dépensé plus de 6000 euros sur les 15000 que j'avais initialement.

Mais que faire ? Voyager, visiter un peu le pays dans un premier temps car il est bête d'avoir passé autant de temps sur place en ne connaissant vraiment qu'une seule ville.

- « Tu as pris la bonne décision, content de te voir ici, la vie y est beaucoup plus calme qu'à Chiangmai, j'espère qu'on aura occasion de se revoir après ton départ de Thaïlande. »

- « Oui, je l'espère aussi, merci pour tout en tout cas, Kurt. »

J'aurai déjà dû rendre visite, depuis un moment, à celui qui m'a sans doute le mieux conseillé durant mes voyages dans ce pays. C'était aussi un exemple que j'aurais dû suivre depuis un moment, par exemple en tentant de m'accrocher au TEFL et à mes cours de langue thaïe, car c'est ce que Kurt avait fait et cela lui avait bien réussi : il avait un travail intéressant et était sur le point de se marier avec une femme thaï. Il menait une vie agréable, une vie dont je rêvais, en quelque sorte, et il avait beaucoup de mérite car, à la base, sa situation était bien plus chaotique que la mienne. Mais je n'avais pas sa force de caractère, je savais très bien que si je me posais dans une grande ville, pour perfectionner mon niveau d'anglais et passer un examen, mes vieux démons me rattraperaient et je risquais de retomber dans ma triste routine. Donc je devais quitter ce pays, il fallait que la mort de Mike me serve vraiment d'exemple et signifie également pour moi la mort de mon ancienne vie…

Phayao, Nan, Nong khai, Khon Kaen… Le nord de la Thaïlande regorge de jolis endroits à visiter. J'ai aussi passé quelques jours au Laos, histoire d'honorer une vieille promesse faite à Tong…

Puis, le moment est venu d'acheter le billet d'avion pour le retour et je passais mes trois derniers jours, dans ce pays, à Bangkok. Je fus hébergé chez une amie rencontrée dans un des bars de Loi Khro road. Elle avait cessé de travailler car un riche japonais lui envoyait énormément d'argent tous les mois dans l'espoir de l'épouser. Cette « amie » n'avait, en fait, aucune raison de m'héberger en théorie, cela pouvait même lui être préjudiciable car une connaissance de son « fiancé » japonais aurait pu nous surprendre à nous balader dans les rues de Bangkok. J'ai au moins eu la confirmation qu'elle ne me voyait pas comme un client, ce qui était une de mes hantises… Elle (enfin son fiancé d'une certaine manière) m'a même offert plusieurs repas au restaurant et de nombreuses consommations dans des bars ou des boîtes de nuit. Elle voulait peut-être ainsi profiter de la vie, une dernière fois, avec un jeune homme attentionné, avant de devoir passer le reste de sa vie avec son vieux japonais...

Le voyage de retour a été assez tumultueux. Les policiers qui montent la garde à l'aéroport du Caire, où mon avion fait escale, sont à cran à cause des manifestations qui secouent le pays et de l'occupation de la place Tarhir. Je ne l'apprends qu'à mon arrivée à Paris en lisant un journal, je me suis vraiment coupé du monde ces derniers mois…

Je ressens toujours un mélange d'angoisse et d'amertume. J'ai réussi à échapper au même sort que Mike, c'est déjà ça, mais qu'est ce qui m'attend, une fois rentré à la maison ? Je ne supporterai pas très longtemps cette triste vie, la dépression nerveuse est proche et même si je n'ai jamais été interné en psychiatrie, même si j'ai toujours tenté de m'en sortir autrement, j'ai peur de craquer, comme en Australie, peut-être même de repartir et de me casser à nouveau les dents en Thaïlande ou dans un autre endroit...

CHAPITRE XXIII

Un impossible retour à une vie normale...

On sort la marchandise du frigo, on la déballe, on la pose sur le tapis puis on recommence en suivant la cadence... Travail toujours aussi triste, ennuyeux à mourir mais, au moins, beaucoup plus facile que ce que j'ai dû supporter dans ces champs de melons à Chinchilla...
Je me souviens d'une discussion avec Gildas, un collègue avec qui j'ai fait du covoiturage de Morlaix jusqu'à Lampaul-Guimillau, pour me rendre à l'usine :
- « Guillaume, tu sais que l'occident se prend pour le centre du monde mais en Chine, ils nomment leur pays et leur civilisation « empire central »... »
- « Oui, je me suis déjà renseigné sur ce sujet, enfin on dit plutôt « empire du Milieu » car ils considèrent que leur civilisation a une place centrale. »
- « En fait, tu me sembles avoir une grande culture générale, je t'ai mal jugé. »
- « Ah bon ? Tu pensais quoi de moi ? »
- « Au départ, je t'ai vraiment pris pour une andouille, certaines personnes occupent ces emplois de travail à la chaîne parce qu'ils en ont juste besoin pour vivre en attendant de pouvoir partir sur autre chose mais certaines personnes n'ont pas vraiment le choix parfois et, disons-le, ne sont pas faits pour un travail intellectuel... Je pensais vraiment que tu appartenais à cette catégorie mais, en parlant avec toi, je vois que tu

as beaucoup de culture, tu n'es vraiment pas fait pour l'usine, je te conseille de reprendre tes études ! »

Paroles réconfortantes, qui redonnent confiance en soi, dans ces moments où j'ai vraiment l'impression d'avoir touché le fond, mais, pour l'heure, je dois travailler. Donc, à nouveau : On sort la marchandise, on lui enlève son emballage, on supporte les engueulades des chefs, le froid, le mal de dos... Oui, le mal de dos, de pire en pire, localisé au niveau des lombaires, douleurs que je ressens de plus en plus intensément... Douleurs qui me forcent à stopper ma dernière mission intérim en usine en juin 2011.

La cause de ce mal a un nom : une très légère Spina Bifida, une malformation de la colonne vertébrale dans le bas du dos, une malformation de naissance mais dont les conséquences ont été aggravées par le travail en usine.

Résultat : plus le droit de porter de charges lourdes donc plus le droit de travailler en usine !

Ma situation est vraiment bloquée... Je ne supporte pas plus qu'avant la routine quotidienne dans la maison familiale, il me faut bouger, j'ai besoin de liberté !

Fin septembre 2011, je décide de déménager à Brest, le fait d'avoir 25 ans me donne le droit au RSA[1] et j'ai trouvé un logement pas cher dont le loyer sera presque intégralement couvert par l'APL[2]. Cela me permettra, au moins, de payer mes courses alimentaires en attendant de trouver un travail. Ce n'est pas gagné d'avance car, sans qualification, sans permis de conduire et avec une interdiction d'effectuer des tâches manuelles trop poussées... Je me retrouve, dans les faits, cantonné à des distributions de journaux gratuits, des inventaires ou d'autres petites tâches qui ne me prennent que quelques heures par semaine.

---

[1] Revenu de Solidarité Active
[2] Aide Personnalisée au Logement

Que faire de tout mon temps libre ? Une partie, déjà, doit être consacrée à rendre ce que j'ai reçu d'une certaine manière. C'est ainsi que je me porte volontaire pour participer aux tournées de rues du Secours catholique. Elles consistent à aller à la rencontre des SDF pour leur apporter à manger et aussi tout simplement, parler avec eux un moment. Une manière, pour moi, de rembourser une dette que je traîne depuis Brisbane en quelque sorte...

Mais à part ça, peu de choses, une petite vie monotone et un état quasi-dépressif continuel. J'ai toujours plein d'idées en tête, des projets parfois farfelus, parfois réalistes mais que je n'arrive toujours pas à concrétiser... Et aussi : toujours ces troubles de l'attention, ce grand décalage vis-à-vis des autres que je ne peux m'expliquer...

- « Il y a vraiment quelque chose qui ne tourne pas rond chez toi, tu devrais consulter un psy... »

Phrase cassante que j'ai souvent entendue provenant d'anciens camarades de classe, d'anciens employeurs qui voyaient que je n'étais pas à la hauteur des tâches demandées ou parfois même d'amis, qui le disaient pour essayer de m'aider.

Comme on dit, « il n'y a que la vérité qui blesse », c'est pour cela que ce genre de remarques m'a souvent fait très mal car je ne peux que constater que je n'ai jamais réussi à m'intégrer totalement dans un groupe.

Tout cela me perturbe depuis longtemps, je passe des heures à tenter de trouver des solutions à mes problèmes en surfant sur Internet, je crois avoir mis le doigt sur quelque chose, ce que j'ai ressemble vaguement à de l'autisme...

Huit mois, huit longs mois d'attente entre le moment où j'ai contacté le Centre de Ressource Autisme de Bohars et la restitution du bilan... J'ai passé, ici, plusieurs demi-journées de tests dans le but de savoir de quoi je suis

« atteint », ou plus précisément, pour savoir si je suis autiste ou non. Si ce n'est pas le cas, je devrai continuer mes recherches, au risque qu'on me découvre quelque chose d'autre, comme une schizophrénie par exemple. En effet, même si mes parents continuent à me dire que « je n'ai aucune différence avec les autres », que « je suis juste un peu dans la lune mais il y a plein de gens comme ça », ils ne sont pas dans ma tête et ne peuvent même pas entrevoir ma souffrance, ils ne se rendent pas compte de tous ces trucs « bizarres » que je fais comme battre des mains dans le vide quand je suis trop stressé ou trop excité par quelque chose…

Ce matin de janvier 2014 est pour moi une date très importante. Je commence vraiment à stresser dans la salle d'attente, il me faut une réponse à toutes mes questions, il me faut savoir.

Heureusement, il y a du mouvement dans la salle où le docteur prend ses rendez-vous. J'entends des bruits de chaises, des gens qui parlent entre eux, bientôt on me fait signe d'entrer.

Le Docteur qui gère le pôle adulte du CRA est assis à son bureau. À côté de lui se trouve une neuropsychologue qui m'a fait passer des tests quelques mois plus tôt. Après quelques échanges formels, je reçois enfin la réponse que j'attendais depuis si longtemps :

- « Monsieur Alemany, les résultats de vos tests sont formels, vous êtes atteint du syndrome d'Asperger. ».

Épilogue

« Syndrome d'Asperger »… Deux mots qui, il y a peu, avant que je décide à faire mes recherches, ne me disaient rien mais qui maintenant prennent une place énorme dans ma vie, comme si d'un coup, ces deux mots résumaient à eux seuls ma personnalité ! Le syndrome d'Asperger est souvent résumé à une forme d'« autisme léger » ne présentant pas de déficience mentale, donc je suis autiste… Diagnostiqué à 27 ans et avant cela, c'est comme si personne n'avait rien vu ! J'ai souvent reçu des remarques désagréables, des gens qui m'ont conseillé d'aller consulter un psy mais en général ça n'était pas pour m'aider, c'était plutôt insultant, une manière de me réduire à mes seuls problèmes d'intégration… Pour mes parents, mes amis proches, mes instituteurs et professeurs j'ai toujours été un enfant théoriquement « normal » ; certes je n'arrivais pas à m'insérer dans des groupes, j'étais souvent dans la lune, je n'ai jamais vraiment réussi à bien intégrer les codes sociaux mais cela était attribué facilement à « de la mauvaise volonté » et personne n'a cherché à comprendre ce qui n'allait pas, personne n'a rien dit, personne n'a rien fait…

Le diagnostic du syndrome d'Asperger a eu pour moi deux conséquences paradoxales. Tout d'abord, cela m'a confirmé que j'étais atteint d'un handicap, que j'avais bien une différence vis-à-vis du commun des mortels et que j'allais devoir apprendre à vivre avec. C'est comme ça la vie, quand on naît avec un handicap, on ne choisit pas, on doit se résoudre à cette triste résignation…

Mais ensuite, une fois le choc passé, j'ai ressenti un sentiment que je ne saurais qualifier, une sorte de libération, enfin, je pouvais associer un mot à tous mes problèmes. Je n'étais pas juste bête et maladroit. Je suis né avec une particularité, un fonctionnement cognitif différent qui nuit à mes contacts avec les autres mais qui ne fait pas de moi quelqu'un de bête (et les résultats des tests de QI passés dans le cadre de mon diagnostic le prouvent !). Ces tests m'ont vraiment permis de mieux me connaître, de m'accepter, de mieux vivre tout simplement !

Je me suis souvent posé la question : que ce serait-il passé si j'avais été diagnostiqué dans l'enfance, à 3 ou 4 ans ? Comment aurait été ma vie dans ce cas ?

Difficile de répondre à cette question mais il est fort probable que je n'aurais pas vécu ma jeunesse de la même façon. Au mieux, je me serais intégré dans la masse comme une personne « normale ». Dans le pire des cas, aux vues de la manière dont étaient traitées les personnes avec autisme dans la France des années 90, j'aurais peut-être été placé dans un IME[3] et ma vie n'aurait pas été joyeuse, loin de là… Mais compte tenu des progrès effectués en psychologie et en psychiatrie au sujet de l'autisme ces dernières années, je conseille à toute personne qui craint de souffrir d'autisme ou à tout parent qui pense que son enfant peut être atteint d'autisme d'engager une démarche diagnostique afin que des aménagements puissent être mis en place pour la personne en question.

En ce qui me concerne, que retenir de mes expériences, de mes voyages ? Il est vrai que je me suis souvent retrouvé dans des situations cocasses. À plusieurs reprises, j'ai même cru que j'allais mourir, à Chiangmai ou en Australie et, d'une certaine manière, je ne dois mon salut

---

[3] Institut Médico-Educatif

qu'à des bonnes âmes qui me sont venues en aide dans les pires moments… Je n'oublie pas et je n'oublierai jamais. Je pense que certaines choses ne sont pas dues au hasard : notamment ma rencontre avec Rex à Kuranda et celle avec Brian et Lech à Brisbane. Durant ces deux périodes de ma vie, je me suis retrouvé dans une situation catastrophique à cause de mon innocence et je pense vraiment que quelque chose ou quelqu'un veille sur moi et que j'ai une dette envers lui.

Je ne conseille bien sûr à personne de se retrouver dans des situations aussi critiques que celles dans lesquelles j'étais à Cairns, Brisbane ou dans mon dernier voyage à Chiangmai, mais ces expériences ont été vraiment formatrices, j'ai ainsi « appris la vie » d'une manière brutale.. Comme on dit : « ce qui ne nous tue pas nous rend plus fort ». Ce dicton s'applique vraiment à ma situation car c'est à force de crises d'angoisse répétées dans ces pays que je me suis ouvert d'une certaine manière, notamment dans les rues de Brisbane. Et maintenant ? J'ai tiré les conséquences de mes échecs, je ne cherche plus à « conquérir le monde » mais juste à trouver ma place dans la société. J'ai commencé des études en histoire et je me sens beaucoup plus à l'aise dans cette matière qu'en droit.

Après le diagnostic, j'ai aussi vite entrepris de contacter « *Aspéransa* », une association d'aide et d'entraide aux personnes atteintes du syndrome d'Asperger ou d'autres formes d'autisme, et j'ai décidé de m'y investir, notamment en organisant des groupes de sorties conviviales entre jeunes Asperger afin de contribuer à ma manière à l'insertion de mes semblables dans la société.

Au fond de moi, j'avais l'impression d'être presque inutile, mais maintenant, je me rends compte qu'en fait, je possède une vrai richesse, non pas matérielle mais une richesse intellectuelle, culturelle, que j'ai acquise au fil de mes voyages, de mes expériences sur le terrain et des diverses péripéties que j'ai surmontées.

Écrire ce livre est sans doute la meilleure façon d'utiliser ces ressources et, en même temps, d'en faire profiter les autres…

Récits, Mémoires, Témoignages
aux éditions L'Harmattan

Dernières parutions

LES CAHIERS D'IDA
Mémoires d'une jeune femme juive, de la Pologne à la France dans la première moitié du XXe siècle
Ida Spitzberg
Traduit du yiddish par Jean Spector
La voix de sa grand-mère Ida c'était le yiddish ; en lui remettant ces cahiers, écrits semble-t-il d'une traite et sans ponctuation, son petit-fils, Daniel Haber, croit avoir compris qu'Ida, cachée à Varenne, en 1944, son mari déporté, recherchée sans cesse par les polices française et allemande, avait été saisie par une sorte d'urgence d'écrire tout ce qu'elle pouvait avant d'être arrêtée. Grâce à cette traduction son passé redevient héritage, un dernier cadeau inestimable.
(22,5 euros, 272 p., octobre 2014)
EAN : 9782343030203 EAN PDF : 9782336358376

CHEZ LA TARDIVE, UNE AMITIÉ INACHEVÉE
Régions : Auvergne, Champagne, Languedoc-Roussillon
Gérard Quesor
J'ai écrit ce livre pour oublier le regard que Pierre, mon copain d'enfance, m'a adressé du fond de son lit d'hôpital où je lui rendais une visite longtemps différée. Je savais, et il ne l'ignorait sans doute pas lui aussi, que c'était une des dernières. Tous deux fils de la guerre nous resterons amis jusqu'à sa mort dramatique.
(Coll. Graveurs de Mémoire, série Récits de vie / France, 25 euros, 304 p., octobre 2014)
EAN : 9782343040875 EAN PDF : 9782336358864

GRANDEURS ET SERVITUDES SCOLAIRES
Itinéraire passé et réflexions présentes d'un professeur
Andrée Walliser
Comment l'évolution de l'enseignement en France, des lendemains de la guerre à nos jours, peut-elle être appréhendée à travers un parcours à la fois banal et singulier d'élève, d'étudiante et de professeur ? Une scolarité commencée dans une ville de province et poursuivie à l'Université de Strasbourg fait revivre une époque trop souvent idéalisée, puis, de nombreuses expériences pédagogiques en tant que professeur permettent d'élaborer une fresque contrastée du système éducatif.
(Coll. Graveurs de Mémoire, 20 euros, 208 p., octobre 2014)
EAN : 9782343043258 EAN PDF : 9782336358895

LES MASQUES SONT SILENCIEUX
Chronique familiale au fil du XXe siècle – Récit romancé
Martine Merlin-Dhaine
Ce récit romancé est l'histoire d'une famille du Nord de la France, sur trois générations, au travers des parcours de vie noués aux grands mouvements de l'Histoire qui ont marqué cette région. C'est Anne, enfant de cette lignée, qui questionne les absents pour tenter de suivre au plus près ces fragiles humains de bonne volonté ballottés dans les tourmentes du XXe siècle.
(Coll. Rue des écoles, 20,5 euros, 238 p., octobre 2014)
EAN : 9782343043586 EAN PDF : 9782336358994

DU MAQUIS CREUSOIS À LA BATAILLE D'ALGER
Albert Fossey dit François - De la Résistance à l'obéissance
Christian Penot
Préface de Laurent Douzou
Postface de Guy Pervillé
Nous découvrons ici le parcours atypique d'Albert Fossey. Destiné à la prêtrise, sa personnalité et la Seconde Guerre mondiale ont bouleversé son parcours. Engagé dès 1941 dans la résistance creusoise, il en devient chef militaire en 1944 et sera fait Compagnon de la Libération. Son entrée dans l'armée professionnelle remet en cause ses choix d'avant-guerre. Devenu officier parachutiste, il connaîtra tous les champs de bataille de l'Indochine à l'Algérie jusqu'à sa mort en 1958.
(Coll. Graveurs de Mémoire, 33 euros, 328 p., septembre 2014)
EAN : 9782343041742 EAN PDF : 9782336356716

ENTRE DEUX LONGS SILENCES
Récit
Galatée Dominique Hirigoyen
Au fil des pages de ses souvenirs d'adolescente solitaire, rêveuse et révoltée, l'auteure évoque la relation avec sa mère, rendue plus difficile par sa perte d'autonomie et son entrée tardive en maison de retraite, et celle avec son père, timide et réservé, dont la réminiscence est à la fois douloureuse et lumineuse. Elle met ainsi en avant la préoccupation partagée par de nombreux adultes qui doivent gérer la fin de vie parfois complexe de leurs parents.
(Coll. Rue des écoles, 24 euros, 292 p., septembre 2014)
EAN : 9782343042411 EAN PDF : 9782336356310

GILBERT PÉROL
Un diplomate non conformiste
Huguette Pérol
Si les écrits de Gilbert Pérol, ici réunis et présentés par son épouse, méritent de retenir l'attention, c'est d'abord parce que cet ambassadeur de France accomplit ses missions en un temps où se produisaient dans le monde de grands évènements, mais aussi parce que ce «diplomate non conformiste» était un homme libre, aussi exigeant envers lui-même qu'attentif et accueillant aux autres. Il contribua au développement des relations entre la Chrétienté et l'Islam. Son message reste d'une grande actualité.
(Coll. Graveurs de Mémoire, 30 euros, 312 p., septembre 2014)
EAN : 9782343038094 EAN PDF : 9782336353265

HISTOIRE DE MA VIE
Jacques Lonchampts
L'auteur se lance dans une aventure qu'il n'avait pas prévu : raconter sa vie. Qu'est-ce que j'ai réalisé dans mon existence ; comment en suis-je venu à gravir un à un ces degrés d'une renommée relative, cela passant par mon enfance, l'épreuve de l'adolescence, la chance de la Libération, l'aide des Dominicains, la protection d'Hubert Beuve-Méry, et une existence de travail monumental, doublée d'un sentiment de liberté complète. Cette vie ne peut-elle pas se résumer que par la joie et la reconnaissance ?
(17,5 euros, 138 p., septembre 2014)
EAN : 9782343040226 EAN PDF : 9782336355030

ITINÉRAIRE D'UN HARKI, MON PÈRE
De l'Algérois à l'Aquitaine - Histoire d'une famille
Michel Messahel
Durant cinq ans, l'auteur a collecté les témoignages de ceux qui ont connu, parfois en payant de leur personne, cette part d'ombre du XXe siècle : l'histoire des Harkis. Il s'est attaché à restituer la tragédie des siens, de la vie paisible de Borély-la-Sapie, petit village d'Algérie marqué par les traditions orales, jusqu'à l'arrivée en métropole, en passant par les événements tragiques de la guerre d'indépendance.
(Coll. Graveurs de Mémoire, 36 euros, 350 p., septembre 2014)
EAN : 9782343037387 EAN PDF : 9782336355979

J'AI TANT AIMÉ LA PUBLICITÉ
Souvenirs et confidences d'un publicitaire passionné
Bernard Moors
Derrière chaque campagne de publicité, il y a une histoire et des rebondissements que le public n'imagine pas. Dans cette autobiographie, Bernard Moors nous fait découvrir à travers de nombreuses anecdotes jusqu'ici restées confidentielles les dessous d'un métier qu'il a exercé avec passion.
(Coll. Graveurs de Mémoire, 12 euros, 98 p., septembre 2014)
EAN : 9782343039633 EAN PDF : 9782336354460

PETITES CHOSES SUR L'ÉCOLE
Mémoires et réflexions d'un enseignant
François Augé
Plus qu'un livre « sur » l'école, cet essai est un plaidoyer « pour » l'école. À la fois mémoires et réflexions sur l'avenir de l'École fondée par Jules Ferry, le texte explore trois piliers majeurs : d'abord les acteurs : enseignants, élèves, parents ; ensuite le système très français de l'Éducation nationale ; enfin le principe de laïcité, à la fois méconnu et bafoué, pourtant garant du triptyque « Liberté Égalité Fraternité ».
(Coll. Graveurs de Mémoire, 22 euros, 224 p., septembre 2014)
EAN : 9782343042022 EAN PDF : 9782336354958

POURQUOI ON JETTE LES ORANGES À LA MER COMME ÇA ?
Jean-Guillaume Coste
Dire «je» à la place de l'autre. Mon père est aveugle à la fin de sa vie. Pour l'occuper, mais aussi pour apprendre quelque chose de lui, je lui offre un magnétophone, des cassettes et lui demande de se raconter. En échange, je lui promets d'écrire

un livre. Il se prête au jeu et, quinze ans plus tard, je tiens ma promesse. Et je dis « je » à la place du père.
(Coll. Rue des écoles, 14,5 euros, 146 p., septembre 2014)
EAN : 9782343037035 EAN PDF : 9782336354125

LETTRES À RENÉ-JEAN
Bibliothécaire, critique d'art, et conservateur français
Jean Bergeron
Lettres choisies et présentées par Sylvie Maignan et Jean Bergeron
Après un début de carrière comme peintre et théoricien de l'art à Moscou, le peintre ukrainien Alexis Gritchenko arrive à Paris au début des années 20. Il s'intègre rapidement parmi les artistes de l'École de Paris et expose au Salon d'Automne. Là, il rencontre René-Jean, critique à *Comoedia* et par la suite au *Temps* puis au *Monde*. C'est le commencement d'une solide amitié. Dans un style vivant et coloré, ces lettres sont le reflet de la vie du peintre avec ses succès et ses aléas.
(Coll. Graveurs de Mémoire, 15 euros, 132 p., juillet 2014)
EAN : 9782343037295 EAN PDF : 9782336351575

CHRONIQUE DES ANNÉES 1940-1970
Une époque bien tranquille
Claude Rosales
Le bon sens populaire dit que nul n'est prophète en son pays. Jeune garçon, Claude Rosales était persuadé d'appartenir au pays où l'on vivait le plus heureux. La fin des années trente ne lui laissait augurer d'aucun événement important. Mais qu'en serait-il de la prochaine décennie ? En acceptant de le suivre, nous allons vivre (ou revivre) cette proche et relativement courte mais si importante période de notre histoire, qui a vu tant de si profonds bouleversements.
(Coll. Graveurs de Mémoire, 25 euros, 286 p., mars 2013)
EAN : 9782296966284 EAN PDF : 9782296530669 EAN ePUB : 9782336660332

J'IRAI DANSER RUE ROSSI
Parcours d'une danseuse du Brésil au Kirov sous l'ère soviétique
Suzanne Oussov
Paroles recueillies par Monique Panisset
À dix-sept ans, Suzanne Oussov quitte sa famille pour suivre des études de danse classique en Union soviétique. Rue Rossi, à l'école du Kirov, elle apprend pendant six ans la technique, la rigueur et la force de la méthode Vaganova. Mariée à un Soviétique, elle va connaître le quotidien de l'URSS des années soixante : appartement communautaire, pénurie de denrées alimentaires... Plus tard, elle s'oriente vers l'enseignement. Elle nous fait partager dans ce livre son parcours riche et mouvementé.
(Coll. Graveurs de Mémoire, 23 euros, 224 p., mars 2013)
EAN : 9782336293462 EAN PDF : 9782296531789 EAN ePUB : 9782336661469

L'HARMATTAN ITALIA
Via Degli Artisti 15; 10124 Torino
harmattan.italia@gmail.com

L'HARMATTAN HONGRIE
Könyvesbolt ; Kossuth L. u. 14-16
1053 Budapest

L'HARMATTAN KINSHASA
185, avenue Nyangwe
Commune de Lingwala
Kinshasa, R.D. Congo
(00243) 998697603 ou (00243) 999229662

L'HARMATTAN CONGO
67, av. E. P. Lumumba
Bât. – Congo Pharmacie (Bib. Nat.)
BP2874 Brazzaville
harmattan.congo@yahoo.fr

L'HARMATTAN GUINÉE
Almamya Rue KA 028, en face
du restaurant Le Cèdre
OKB agency BP 3470 Conakry
(00224) 657 20 85 08 / 664 28 91 96
harmattanguinee@yahoo.fr

L'HARMATTAN MALI
Rue 73, Porte 536, Niamakoro,
Cité Unicef, Bamako
Tél. 00 (223) 20205724 / +(223) 76378082
poudiougopaul@yahoo.fr
pp.harmattan@gmail.com

L'HARMATTAN CAMEROUN
TSINGA/FECAFOOT
BP 11486 Yaoundé
699198028/675441949
harmattancam@yahoo.com

L'HARMATTAN CÔTE D'IVOIRE
Résidence Karl / cité des arts
Abidjan-Cocody 03 BP 1588 Abidjan 03
(00225) 05 77 87 31
etien_nda@yahoo.fr

L'HARMATTAN BURKINA
Petrou Achille Some
Ouagadougou
(+226) 70 26 88 27

L'HARMATTAN SÉNÉGAL
10 VDN en face Mermoz, après le pont de Fann
BP 45034 Dakar Fann
33 825 98 58 / 33 860 9858
senharmattan@gmail.com / senlibraire@gmail.com
www.harmattansenegal.com